BATUQUE
SEUS ENCANTOS E RITUAIS

Paulo Roberto S. da Silva

BATUQUE
SEUS ENCANTOS E RITUAIS

LEGIÃO
PUBLICAÇÕES
2ª edição / Porto Alegre-RS / 2017

Coordenação editorial: Maitê Cena
Capa, projeto gráfico e ilustrações: Marco Cena
Revisão: Liliane Pereira
Produção editorial: Bruna Dali e Maiara Morbene
Produção gráfica: André Luis Alt

Dados Internacionais de Catalogação na Publicação (CIP)

S586b   Silva, Paulo Roberto S. da
Batuque: seus encantos e rituais. / Paulo Roberto S. da Silva. 2.ed. –
Porto Alegre: BesouroBox, 2017.
136 p.; 16 x 23 cm

ISBN: 978-85-5527-041-3

1. Religião afro-brasileira. 2. Batuque. 3. Ritual.   I. Título.

CDU 299.6

Bibliotecária responsável Kátia Rosi Possobon CRB10/1782

Copyright © Paulo Roberto S. da Silva, 2017.

Todos os direitos desta edição reservados a
Edições BesouroBox Ltda.
Rua Brito Peixoto, 224 - CEP: 91030-400
Passo D'Areia - Porto Alegre - RS
Fone: (51) 3337.5620
www.besourobox.com.br

Impresso no Brasil
Maio de 2017

Agradeço a:

Ana Palindrômica, aluna de Artes Visuais na UFPEL, pelo carinho e talento com os quais foram desenvolvidas as imagens dos Orixás.

Fernando Dibe Pinto, pelo empenho na primeira revisão deste livro e valiosas sugestões apresentadas.

Vera Regina Martins Borges de Matos Henriques, pelo prestimoso auxílio no desenvolvimento da parte histórica.

Aos filhos da minha Casa, todo o meu carinho, pela amizade, devotamento e abnegação.

Quero prestar um agradecimento especial ao meu querido amigo e filho de santo Fernando, que com sua determinação, dedicação e envolvimento, ajudou a tornar este livro realidade. Muito obrigado por permitir a concretização do meu sonho.

A todos vocês, meu carinho e meu muito obrigado!

Sumário

Capítulo 1 - Batuque: A história de um povo / 9

Capítulo 2 - O Batuque e o terreiro / 13

Capítulo 3 - Cumprimento das obrigações / 17

Capítulo 4 - Rituais e práticas / 21
    Doutrina e palestras / 21
    Invocação e saudação aos Orixás / 23
    O que representa cada momento do batuque / 25
    Representação dos Orixás
        na cerimônia do batuque / 42

Capítulo 5 - Ritos especiais / 45
    A cerimônia / 45
    Batizado / 47
    Casamento / 47
    O presentear / 48
    O aprontamento / 49
    Liberação do Orixá / 50
    O alá / 51
    O ecó / 51
    A balança para o Orixá Xangô / 52
    Ajoelhar-se / 52
    Bater cabeça / 52

Intervalo 53
Doces 53
Perfumes e espelhos 53

Capítulo 6 - Transe e possessão / 55
Possessão / 58
Quebrar o Orixá / 58
A subida / 59
Axêro / 59
O tabu / 59

Capítulo 7 - Arquétipos / 61

Capítulo 8 - Dias da semana destinados a cada Orixá / 63

Capítulo 9 - Ferramentas e outros elementos dos Orixás / 65
Velas, cores e aplicações / 66

Capítulo 10 - Participantes do batuque / 69
O tamboreiro / 69
A assistência / 70
O médium / 70
O iniciador / 71
O iniciado e o filho de santo / 72

Capítulo 11 - Curiosidades de cada Orixá / 73

Capítulo 12 - Comidas de santo / 79

Capítulo 13 - Rezas / 91

Glossário / 119

Orixás - Ilustrações / 121

CAPÍTULO 1

BATUQUE: A HISTÓRIA DE UM POVO

O povo africano chegou ao Brasil através do processo da diáspora negra, oriundos de diversas regiões do continente africano. Nessa viagem, trouxe sua cultura a qual se somaria às outras já existentes no país, constituindo, com esta variedade de elementos, as religiões de matrizes africanas.

Entre 1525 e 1851, mais de 5 milhões de negros foram trazidos para nosso país na condição de escravo. Nesse número, não estão contabilizadas as mortes ainda em solo africano, resultado da violência da caça escravista, óbitos durante a travessia oceânica em condições sub-humanas, tampouco o contingente que entrou ilegalmente na colônia após a proibição do tráfico negreiro.[1]

A caça de escravos ocorria onde a captura fosse mais fácil e em locais de embarque mais rentável. Para dificultar a comunicação entre os prisioneiros, evitando eventual resistência do grupo, era comum misturar pessoas vindas de diferentes tribos para compor a "carga" de escravos.

---

[1] PRANDI, REGINALDO. De africanos a afro-brasileiros: etnia, identidade, religião.

Na tentativa de apagar as lembranças da terra-mãe, era imposto aos negros escravizados um ritual chamado de Árvore do Esquecimento, que consistia em dar voltas ao redor de uma árvore antes da partida, acreditando-se que isso os faria esquecer suas memórias. Além da Árvore do Esquecimento, ocorria o batismo cristão, com troca dos nomes e também a demonização das práticas africanas. Todas estas tentativas de desmemorização não foram suficientes para impedir que a cultura africana chegasse ao Novo Mundo, sendo reconstituída ao longo do tempo em seu universo simbólico fragmentado pela escravidão.

A família foi uma das primeiras noções que esses grupos escravizados reconstruíram, norteados pelo conceito da palavra malungo. Essa expressão em banto – conceito criado em 1860, por Bleck, classificando um conjunto de mais de 2000 línguas – significa "aquele ou aquela que veio junto", ou seja, indivíduo com grau de parentesco. Além disso, a religião também se fez presente nesse processo de reconstrução familiar, embora os registros oficiais de culto organizado de origem africana datem do final do século XIX, é provável que no século XVI já existisse a vivência do sagrado.[2]

Existem, somando nessa recuperação da família, momentos ou espaços recriados pelos africanos, onde as tradições, a memória e a identidade eram resgatadas. A essas manifestações, no Rio Grande do Sul, conforme relatos de documentos a partir do século XVIII, deu-se o nome de Batuque. Embora não haja dados específicos quanto à origem, local, época e circunstâncias dos núcleos iniciais, a pesquisa a partir de documentação escrita (testamentos, jornais da época, relatos policiais), bem como pesquisa de campo (manifestações culturais negras e história oral) oferecem pistas a respeito da origem do Batuque. Assim, é a partir desses estudos que se faz possível reconstruir a história do culto no Rio Grande do Sul.[3]

---

[2] SOUZA JÚNIOR, WILSON CAETANO (Org). Nossa raízes africanas. São Paulo. 2004. 1°edição.
[3] CORRÊA, NORTON F. O Batuque no Rio Grande do Sul-atropologia de uma religião afroriograndense. Editora Cultura & Arte, 2006. 2°edição.

"...tudo indica que os primeiros Terreiros de Batuque foram fundados na região de Pelotas e Rio Grande. E quanto ao mito fundador, há duas versões correntes: uma que afirma ter sido uma mulher, vinda diretamente de Recife, outra que não associa a um personagem, mas a etnias africanas que o estruturaram enquanto espaço de resistência simbólica." (Ari Oro)

A presença do Batuque é confirmada na região de Pelotas e de Rio Grande desde o início do século XIX. Esse dado é resultado de uma ampla pesquisa em jornais pelotenses da época, feita pelo historiador Marco Antonio Lírio de Mello. As Terreiras nessa zona se justificariam pela grande concentração de negros – em geral, sudaneses – envolvidos na atividade local das Charqueadas. Quando se iniciou o processo de declínio dessa atividade, meados de 1850, essa mão-de-obra escrava foi deslocada para outras cidades, entre elas, Porto Alegre. A cidade estava em crescimento, apresentando-se como um mercado de trabalho urbano bastante rico em oportunidades, atraindo também, muito provavelmente, negros livres.

Na cidade de Porto Alegre, na segunda metade do século XIX, a concentração do maior contingente de negros ocorria nos arredores da cidade, no Areal da Baronesa, onde hoje se localiza o bairro Cidade Baixa, e ainda nas chamadas colônias africanas e "bacia", atuais bairros Bom Fim, Rio Branco e Mont'Serra. Com o crescimento cada vez maior da cidade, houve também um aumento das Casas de Batuque. Atualmente, o culto é bastante difundido pelo estado, e também nas regiões vizinhas como Uruguai e Argentina.[4]

Existe uma suposição de que, nessas Terreiras de Batuque, a primeira a comandar teria sido uma mulher. Há dúvidas, ainda, se seria brasileira ou africana – vivendo há algum tempo no país – e presunção de que não era escrava, pois o Batuque apresenta muitas semelhanças com outros cultos afro-brasileiros. Ainda dentro dessa

---

[4] ORO, ARI PEDRO. As religiões afro-brasileiras do Rio Grande do Sul: passado e presente.

teoria, sugere-se que essa figura seria do Xangô Recifense, uma vez que existem similaridades do Batuque com o culto no Recife.

Nos Templos do Rio Grande do Sul, percebe-se ainda a presença da cultura Jêje, que talvez tenha sido introduzida simultaneamente ao Batuque. Indício disso é o lendário Príncipe Custódio, membro da família real Ajudá, na República de Benin, de cultura Jêje. A dominação inglesa na sua região de origem seria o motivo que o trouxe ao Brasil. Adotando o nome de José Custódio Joaquim de Almeida, estabeleceu-se no bairro da Cidade Baixa, local em que comandava uma "Casa de religião". Em uma vida de conforto, sustentado por uma pensão do governo inglês, mantinha convivência com a elite branca da cidade de Porto Alegre. Historiadores relatam que Príncipe Custódio influenciou o Batuque. Existem depoimentos de pessoas que o conheceram, afirmando que ele teria sido "pai-de-santo" do governador Borges de Medeiros.

Dessa maneira, apesar do pequeno número de sudaneses, o Batuque se manteve em função da sólida estrutura e do alto nível de articulação interna do modelo Jêje-Nagô, bem como da participação de um grande número de pessoas não sudanesas. O Batuque, por ter cooptado negros de diferentes origens étnicas, atuou como importante fator de identidade para a população negra urbana do Rio Grande do Sul. [5]

---

[5] CORRÊA, NORTON F. (idem nota 3)

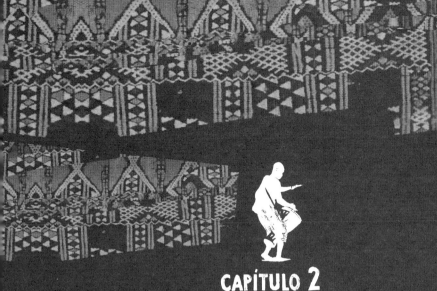

CAPÍTULO 2

O BATUQUE E O TERREIRO

O Batuque é uma religião afro-brasileira que cultua os *Orixás*[6] e também conhecido como *Pará*[7]. Entre as entidades mais conhecidas estão: Bará, Ogum, Iansã, Xangô, Odé e Otim, Obá, Ossãe, Xapanã, Ibeji, Oxum, Iemanjá e Oxalá.

A abordagem da ritualística dentro do Terreiro não tem o objetivo ou a intenção de criar polêmica, tampouco adentrar em práticas específicas de cada nação[8] ou fundamento, e sim registrar de que forma essas cerimônias acontecem ou podem acontecer, para um melhor entendimento de quem pouco ou nada conhece dos rituais. Aliás, é o procedimento adotado na Casa em que o autor do livro atua.

---

[6] Deuses africanos que correspondem a pontos de força da natureza e seus arquétipos estão relacionados às manifestações dessas forças.
[7] Denominação dada pelos negros ao Batuque.
[8] Oriunda da Costa do Guiné e Nigéria, o Batuque, sinônimo de Nação, é uma religião afro-brasileira e tem por objeto o culto dos Orixás (de Bará a Oxalá). Tem sua origem, sua raiz e, portanto, seu fundamento, nas religiões das Nações Jeje, Ijexá, Oyó, Cabinda e Nagô.

O local onde se pratica o ritual é denominado de Terreiro[9], podendo ser chamado também de Terreira. É um espaço votivo destinado aos Orixás, reservado para o preparo das obrigações ou *axés* e onde se realizam as celebrações.

A modulação do Terreiro, abaixo descrita, está em conformidade com o praticado, via de regra, em todas as Casas de Religião, onde observados os espaços próprios para organização dos rituais.

Para o ingresso no Terreiro, deve-se atravessar a porteira (portão), onde à esquerda há uma pequena edificação, em que estão assentados os orixás Bará e Ogum. O primeiro é o dono das chaves dos portais e dos caminhos e o outro responsável pelas passagens, que significa a ligação dos caminhos.

Neste local, deve-se pedir licença, permissão e proteção aos referidos Orixás, pois se está entrando, não em uma casa ou em um terreno comuns, mas em um local sagrado. Esse pedido é indispensável para entrar no Templo, pois ninguém poderá adentrar sem que haja permissão dos Orixás.

Dentro do Terreiro há um salão votivo voltado aos rituais litúrgicos, Batuques e obrigações. Algumas vezes com bancos para a assistência, outras sem, para que se permaneça em pé em sinal de respeito aos Orixás, pois eles são deuses que vêm à Terra. Posicionado em uma das extremidades do salão, observa-se a existência de um quarto mais central, onde estão assentados os *otás*[10] e ferramentas votivas dos Orixás. Há, ainda, um espaço destinado ao Tambor[11]. Dentro do Terreiro

---

[9] Palavra de tradição portuguesa. Terreiro é a área de terra que fica em frente de uma Casa de fazenda ou sítio. Originário de uma cultura rural, o Terreiro é o terreno amplo à volta da Casa ou edifício mais rico de uma comunidade. Originalmente, terreno de um senhor feudal, dono das terras, onde eram acolhidas as cerimônias religiosas e culturais do povo que trabalhava essas terras e constituía, assim, a comunidade.

[10] É a pedra usada no cerimonial de assentamento, pertencente ao Orixá (cada Orixá tem a sua própria pedra).

[11] O tambor é um elemento essencial do culto, pois ao mesmo tempo em que harmoniza o ambiente, causa o relaxamento, levando ao transe, abrindo o canal com os orixás.

existe, ainda, uma cozinha destinada ao preparo dos *axés*[12] que são as comidas votivas[13] oferecidas aos Orixás.

Otá, também denominado de *Okutá*, se constitui numa pedra essencial, sendo o primeiro elemento que alicerça um assentamento[14] a qual é guardada no *Peji*[15], dentro de vasilha tampada ou em um alguidá[16], junto com outras ferramentas pertencentes a cada Orixá.

Na parte dos fundos do Terreiro encontra-se outra construção, não menos importante, denominada Casa de Almas ou *Balé*[17], local onde estão assentados Orixás responsáveis pelo encaminhamento dos espíritos; é o lugar onde se realiza o culto aos antepassados, a quem são levadas oferendas como flores e perfumes. No dia 02 de novembro são oferecidas flores como lembrança dos entes queridos que não mais se encontram, de corpo físico, entre nós.

Antecipando o tema, de forma a se fazer melhor entender, diga-se que todos nós somos regidos por um Orixá, identificado no Jogo de Búzios[18], que nos acompanha ao longo de toda vida, sendo que nas cerimônias e rituais de Batuque revelam-se através da Possessão, como a seguir será explicado.

---

[12] Tem o significado de força e energia.

[13] São alimentos preparados ritualmente e oferecidos aos orixás para que possam manter a força de suas vibrações. Cada Orixá tem seu alimento próprio e as oferendas são feitas para as mais diversas finalidades como, p. ex., cura, amor, prosperidade etc.

[14] É a representação do Orixá no mundo.

[15] Quarto de santo, local onde são cultuados os Orixás. Também conhecido como Congá(embora se entenda que este termo seja somente utilizado no culto a Umbanda), é o altar sagrado dos rituais. Outras denominações: quarto de santo e Ilê Orixá (casa do Orixá).

[16] Alguidar ou Agdá vasilha circular feita de barro ou argila.

[17] Local onde são cultuados os ancestrais (também chamado balé ou igbalé).

[18] Sobre um pano branco, coloca-se uma guia de contas formando um círculo, onde cada cor representa um Orixá. Os búzios são jogados dentro desse círculo. O jogo de búzios é considerado um oráculo de Ifá (porta-voz dos Orixás), que usa essas conchas como instrumentos divinos de comunicação espiritual, 'falada' pelos deuses africanos e transmitidas aos homens pelos Babalaôs, Babalorixás e Yalorixás.

CAPÍTULO 3

CUMPRIMENTO DAS OBRIGAÇÕES

Para o ingresso em uma religião africanista é preciso, inicialmente, jogar-se búzios para perscrutar a necessidade espiritual do consulente. Ao mesmo tempo, identificam-se os Orixás que regem sua vida espiritual. É importante esclarecer que todas as pessoas são regidas invariavelmente por duas entidades, uma masculina e outra feminina, a saber: um Orixá que rege a cabeça, chamado *Eledá*, e outro que rege o corpo, conhecido como *Ajuntó*.

Ultrapassada esta fase, ocorre a Iniciação, que assim se desenvolve: num primeiro momento, um ritual votivo, fechado ao público, no qual se cumpre a obrigação de devoção aos Orixás, sendo esta uma cerimônia de invocação, agradecimento e pedidos de proteção, saúde e felicidade. É um ritual no qual se celebra a vida, se revitaliza, não somente o filho que cumpre essa obrigação, mas também os elementos que estarão sendo imantados (guias, *otás*, imagens e adereços diversos), tudo feito ao toque de tambores e com entoação de cantos e/ou rezas, também chamados de *axés*.

No segundo momento, existe o ritual do Batuque, também denominado de Festa Cerimonial, sendo esta a ocasião para se estabelecerem os elos físico, espiritual e emocional, assim como social dentro do preceito, ou seja, ao ingressar nesse culto, o filho passará a se integrar com as correntes espirituais ali existentes, equilibrando-se o corpo, o espírito e as emoções, ao mesmo tempo em que passará a integrar à família religiosa (*Gôa*). Nessa cerimônia usam-se vestes ou fardamentos específicos, representando o Orixá da própria pessoa, o Orixá homenageado ou mesmo o Orixá regente da Casa. Neste momento, deve-se evitar a vulgarização e o uso inadequado de roupas que possam contribuir para a quebra do preceito do Batuque, faltando-se com o respeito à cerimônia.

Nada impede que um Orixá feminino possa reger um filho, assim como é bem possível um Orixá masculino reger uma filha. Não há, em ambos os casos, qualquer espécie de vulgarização, o que aconteceria se homens usassem roupas femininas e mulheres roupas masculinas (dentro do culto, as mulheres não usam roupas masculinas, tampouco os homens vestem roupas femininas, seja antes ou durante as possessões).

É importante dizer que a identificação do filho/filha com seu Orixá não se dá em função do sexo, mas sim da identificação com seus arquétipos e afinidades de personalidade, bem como valores pessoais moldados em cada um de seus filhos.

Em alguns cultos costuma-se, ao ocorrer a possessão[19], levar o Orixá a um quarto, ali o vestindo com seus paramentos próprios (não sendo essa prática difundida no culto da nação). Advertência importante de ser feita é que nunca se deve confundir o médium com seu Orixá. O médium é apenas o intermediário, um receptor, um canal.

Ao adentrar num Terreiro ou salão de festas, se observa, na decoração, o uso de cores votivas ao(s) homenageado(s), muitas vezes utilizando materiais diversos para a confecção dos adornos e enfeites. Percebe-se, de pronto, pelo clima e energia que emergem do lugar, que não se trata de uma festa qualquer, e sim de uma cerimônia religiosa. Nesse momento, os filhos da Casa, assim como os convidados e amigos do Templo, devem manter uma postura condizente com o evento

---

[19] Ocorre quando o filho de santo é possuído por seu Orixá.

religioso, não esquecendo que, no culto, os filhos atuam como recepcionistas e ajudantes dos anfitriões que, nessa ocasião, são os Orixás.

Durante a cerimônia, para que a egrégora[20] seja mantida, é preciso ter cuidado para projetar o pensamento a um nível espiritual elevado, não se devendo falar de assuntos ou temas vulgares, de valores materiais e terrenos. Aliás, este comportamento deve ser observado desde o ingresso na Terreira, local onde se chega imbuído do propósito religioso, devendo a conduta estar pautada pela cordialidade, boas maneiras e bons modos.

Para que haja a soma dessa energia coletiva projetando-se sobre todas as pessoas presentes no culto (filhos e assistentes), os trabalhos são realizados a partir da formação de um círculo onde os filhos da Casa giram em sentido anti-horário, dentro do qual a energia concentra-se emanando fluidos a todos os presentes.

---

[20] Força espiritual criada a partir da soma de energias coletivas.

CAPÍTULO 4

RITUAIS E PRÁTICAS

Para que o leitor tenha uma noção geral dos rituais, são narrados aqui, de forma ampla, sem adentrar nos fundamentos específicos de como estes se desenvolvem, rituais adotados a partir da orientação espiritual da Casa, existindo variações de acordo com a matriz africana seguida por cada Terreiro.

Doutrina e palestras

As palestras acontecem em um momento especial, demonstrando a importância que a Casa dá à disseminação da cultura entre seus filhos e amigos, oportunidade em que o Pai de Santo divide o conhecimento da doutrina religiosa, adquirida ao longo do tempo. Neste evento da Casa, que se realiza antes do início de cada sessão, são tratados temas da liturgia, produzindo questionamentos e gerando produtivos debates.

Muitas vezes, as pessoas esquecem que a religião foi trazida por um povo escravizado, cujas origens remontam um passado distante e de cultura diversa. E mais: muitos dos conceitos estão superados, por rudimentares e retrógrados, deturpando a sua metodologia e, não raro, empreendendo uma prática desvirtuada, realizada de uma forma radical, muitas vezes fanática. É preciso adequar preceitos, amoldar a doutrina e adequá-la aos dias de hoje, nos quais a realidade em nada se parece com a época e com a cultura de onde proveio a religião.

A religião africana trazida ao Brasil passou a ser incorporada e tratada, nos dias de hoje, como método para formação de uma consciência voltada ao encontro com o divino e o sagrado, incorporando elementos novos, conceitos morais e valores da nossa sociedade. Ninguém melhor que o grande Orixá Ogum para nos trazer o ensinamento de que devemos evoluir, não modificando o fundamento, mas incorporando valores sociais e abandonando valores corrompidos do passado. Nunca deveremos esquecer a obra dos antigos, e sim cultivar este legado, adequando-o aos novos tempos, sem perder de vista a necessidade da evolução, do crescimento e do aprendizado. Assim, o medo e o temor conferidos à prática religiosa, que no passado eram utilizados para impor respeito ante o não reconhecimento do culto, hoje contam prestígio e relevância na vida do país.

A mensagem final que sempre se busca transmitir para que todos a absorvam de forma consciente e dela nunca se esqueçam, é a de que não existe "pai" ou "mãe" de deuses. O Orixá já nasce com seus filhos e o *Zelador de Santo* tem por missão preparar o corpo físico, seu e de seus filhos, para receberem as emanações e energias do mundo espiritual, que é o modo como se pratica a religião.

Por sua vez, o religioso, que cede seu corpo para a manifestação dos Orixás, não deixa de ser humano, dotado de virtudes e defeitos, humildade e vaidade, modéstia e arrogância, ou seja, um sujeito como qualquer outro, que se diferencia, apenas e tão somente, por ter seguido uma doutrina da paz, do amor, da fé e da fraternidade e que busca, a cada momento, polir a sua própria pedra bruta para encontrar, no seu interior, a mais magnífica das esculturas.

Invocação e saudação aos Orixás

O ritual inicia com a invocação, pelo Babalorixá[21] ou Yalorixá[22], a todos os Orixás – oportunidade em que as pessoas presentes (filhos da Casa e visitantes) devem se ajoelhar, permanecendo em silêncio, como forma de respeito, orando e elevando seus pensamentos ao *Orum*[23]. Esse ato representa pedido de permissão a cada Orixá, bem como de súplica para que abençoe cada ato, gesto e movimento cerimonial do médium, alcançando-lhe serenidade, saúde e evolução espiritual, permitindo, assim, que cada um possa cumprir sua missão.

A invocação é assim feita:

Bará: Senhor das encruzilhadas, que abre nossos caminhos, permitindo que cada Orixá chegue até seus filhos e adeptos abençoando-os. Que suas chaves (ferramentas do Orixá) possam abrir fechaduras e cadeados das portas que estejam fechadas, desobstruindo nossos caminhos, permitindo que, uma vez abertas, possamos por elas passar. Que o senhor do metal e da moeda corrente nos abençoe com muito *axé* de busca e riqueza material, permitindo a realização dos nossos projetos. Que a cada dia nos seja permitido o direito de ir e vir.

Ogum: Senhor da conquista, que nos proteja e que suas ferramentas de batalha – espada, lança e o escudo – representem defesa, não permitindo que o filho demande contra ninguém e que nenhuma demanda chegue à sua porta. Que puna com severidade aquele que usa sua força e energia para o dano ou mal. Que o filho seja instigado para alcançar conquistas e vitórias.

Iansã: Senhora dos ventos, que seu sopro traga perseverança e que o vento das mudanças estimule o brilho e a vaidade, para que o filho possa valorizar cada dia, cada gesto e cada momento com discernimento. Que nos encha com sua alegria e brilho. E que possamos avançar sem medo, pois o seu vento sopra em todas as direções e caminhos.

---

[21] Babalorixá ou Babá (pai, na línguaYorubá) é o Pai de Santo.
[22] Yalorixá ou Iyá (mãe, na línguaYorubá) é a Mãe de Santo.
[23] Céu.

Xangô: Senhor dos raios e das tempestades, permita a percepção do certo e do justo. Se o filho errar ou cometer uma injustiça, tenha misericórdia pelas falhas e deslizes, justamente por sermos humanos e estarmos aqui de joelhos pedindo o aprendizado e o entendimento.

Odé e Otim: Caçadores que são, supram os filhos com alimento e riquezas da mata, para que o corpo possa sempre refletir a jovialidade. Que a jornada nunca seja solitária, existindo sempre alguém para nos acompanhar, dando aos filhos o que beber e comer. Que a vida seja de fartura e abundância.

Obá: Senhora da roda, fluxo de energia. Senhora do teto, abrande qualquer fofoca ou atrito; que sua navalha corte qualquer briga ou desavença, e que sua sabedoria nos toque no coração para que possamos enxergar a bondade no coração mais duro. Que seu fluxo seja contínuo e que possamos sempre ter a continuidade de cada dia e momento.

Ossãe: Senhor das folhas e o conhecedor do seu uso e manipulação, nos permita alcançar a cura do corpo físico e espiritual; que ao fazermos o *Abô*[24] de ervas possamos imantar com suas energias curativas esse preparado, que ao ser usado em cada filho ou objetos cerimoniais, encontremos ali a mais pura evocação da vitalidade.

Xapanã: Senhor da morte, considerado o médico da religião; que se possa encontrar a sabedoria para entender que a matéria é apenas uma morada provisória e de transição; que saibamos usar da melhor forma o corpo físico e que possamos estar preparados, para após nossa jornada, nos desapegar do corpo material. Que sua vassoura varra de nossas vidas e casas más companhias, infortúnios, doenças e tristezas e que suas bênçãos nos concedam saúde para lidarmos com nosso corpo em nossa trajetória.

Ibejis: Senhores que representam o lado criança de cada filho, que se possa encontrar a saúde, vitalidade, pureza e inocência. Que nunca lhes falte o julgamento puro de atos ou palavras, e que possamos sempre manifestar o aprendizado constante, tanto em nossa vida

---

[24] Conjunto de ervas maceradas com água, flores e perfumes preparadas para os preceitos e obrigações.

espiritual como material. Que os Orixás nos concedam a misericórdia e que ao invocarmos as crianças possamos encontrar seu perdão.

Oxum: Senhora das águas doces, cachoeiras, rios e lagos, nos traga seu *axé* de vida e renascimento; que a doçura de Oxum nos contagie, que possamos ser sábios nas palavras doces e nos atos amáveis, que nunca falte em nossa caminhada o amor, seja ele sempre incondicional, fraterno ou de amantes. Que nos traga riquezas espirituais para que possamos conquistar, com nosso trabalho e capacidade, as riquezas materiais.

Iemanjá: Senhora do mar, princípio de onde a vida surge. Que suas águas nos favoreçam com muita vida, que suas marés representem em nossa vida as mudanças, sejam nos atos como nos pensamentos. Que dos oceanos possamos receber suas riquezas, tanto do alimento, como do saber lidar com o desconhecido representado pelos abismos. Que a senhora dos pensamentos nos ajude sempre a lidar com nossas dificuldades, mantendo-nos equilibrados para tratar assuntos de nossa vida com muita ponderação.

Oxalá: Senhor da vida; que represente em nossas vidas, no nosso Templo e diante de nossos filhos e amigos a sabedoria de uma existência longa. Que o Pai Maior nos dê a certeza de sempre podermos ter amigos para compartilhar vitórias e impulsionar nossas conquistas. Que seu *Alá*[25] represente segurança e proteção, e que sob nossas cabeças sempre haja a certeza de nunca estarmos sozinhos; que suas bênçãos nos elevem ao crermos no divino e que em nossa casa, junto aos filhos e nossos amigos, encontremos a fé, o amor e que possamos, dessa forma, realizar a caridade.

O QUE REPRESENTA CADA MOMENTO DO BATUQUE

No primeiro momento após celebrarmos a invocação, é tirado ou pedido o *Agô*[26] aos Orixás e ao tamboreiro, para que possa ter início

---

[25] Pano branco confeccionado para esse orixá, que simboliza proteção e acolhimento.
[26] Licença.

o ritual. Os filhos distribuem-se em uma roda[27] organizando-se, por primeiro, a dos homens, pois na cultura africana, como em todas as culturas antigas, a figura masculina representa o indivíduo responsável pela busca do alimento, suprindo a sociedade e a família com as atividades de caça, pesca e até mesmo agricultura, atividades estas que, com o passar do tempo, passaram a ser de atribuição também das mulheres. Por esse motivo, no primeiro *Xirê*[28] ou evocação, ou, ainda, tirada a primeira reza, que é destinada a Bará*Lodê* (podendo em alguns cultos a primeira reza ser tirada para Bará*Leba*), os homens dançam para ele em sinal de respeito. Dentro do fundamento de algumas nações, os *orins*[29] tirados para Bará*Lodê* são dançados primeiramente por homens, sendo que as mulheres participam das danças dedicadas a outros Orixás Barás.

Iniciado o Batuque, forma-se uma roda, que girará no sentido anti-horário[30]. Os filhos posicionam-se na ordem dos seus respectivos Orixás, obedecendo o sentido horário – de Bará a Oxalá. Não há separação entre homens e mulheres, apenas a roda segue a ordem dos Orixás, conforme abaixo estará demonstrado. O posicionamento poderá ser modificado dependendo da Nação ou fundamento.

Iniciado o toque do tambor, os filhos iniciam a dança em homenagem aos Orixás, reafirmando não só os votos de respeito e confiança, mas também elevando os pedidos e as intenções ao *orun*[31], o que é manifestado através de cada movimento, giro e balançar de braços e pernas.

Os Orixás são homenageados na ordem a seguir, sendo que cada movimento representa sua história e sua natureza.

---

[27] A roda de Batuque é um dos momentos mais importantes na vida dos iniciados, pois se constitui no momento de buscar, pedir e de se entregar.
[28] Ordem dos toques executados pelo tambor.
[29] Rezas ou axés.
[30] Essa direção é tomada em quase todas as danças sagradas do mundo, talvez porque abra a brecha entre o sagrado e o profano, simbolizando a volta à origem.
[31] Céu no mundo espiritual.

1º) Bará

É o responsável pela comunicação entre os humanos e as divindades. Na dança, os filhos colocam a mão esquerda para trás e a direita à frente, com movimentos representando o manuseio de uma chave, como se estivessem abrindo cadeados, fechaduras e portas, enfim, abrindo caminhos para alcançar objetivos e metas. No decorrer da homenagem, o toque vai mudando, o mesmo vai acontecendo com os movimentos e a evolução de cada passagem. Com isso, é possível observar que a cadência e os movimentos se transformam durante a cerimônia. Dentre os movimentos, o girar de cada filho representando as diversas direções e os caminhos a serem tomados.

Bará é o Orixá responsável pelos vários caminhos seguidos ao longo da vida e pelas decisões que nos impulsionam; ele está presente em todos esses momentos.

Lenda: Conta-se que, certo dia, Bará, que visitava com frequência a Terra, se deu conta de que aqui existiam seres sem forma e sem corpo, que não se entendiam, pois cada ser usava uma linguagem diferente e muitas vezes, sem perceber, um ocupava o espaço do outro, causando muita confusão. Percebendo o que ocorria, Bará foi falar com Odudua[32], e lhe pediu que fosse com ele até a Terra e presenciasse o caos existente. Era um pedido de ajuda. Como Bará mostrou-se atencioso com os seres daquele planeta, Odudua resolveu lhes dar um corpo e assim moldou cada um, tornando-os diferentes entre si, ao mesmo tempo em que delegou a Bará a responsabilidade de buscar o entendimento entre os seres. Bará cumpriu bem sua missão e passou a ser os ouvidos e a boca dos seres, interpretando o que diziam e transmitindo isso aos demais. Era, também, o responsável pela interpretação da comunicação dos seres humanos com os Orixás. Acabou sendo quem mais criou intimidade com os homens, compreendendo seus defeitos e virtudes, seus hábitos e costumes, passando a ser responsável pelos seus destinos.

---

[32] Deus da criação, que deu forma aos seres vivos.

2º) Ogum

Representa a conquista, a busca daquilo que se quer. Os filhos fazem movimentos como se estivessem empunhando uma espada, alguns manuseando dois punhais, em outro momento embainhando a espada. Observam-se movimentos de ir e vir, de fora para dentro da roda, de modo que em determinado ponto, quando a egrégora se instala, os deslocamentos realizam-se de forma harmônica.

Esses movimentos representam a solidão das pessoas, porém, quando passam a caminhar junto a seus amigos, irmãos e familiares, conseguem mudar o ritmo e isso as leva a perceber que não estão sozinhas, tornando-se mais fácil o dia a dia e o alcance de suas necessidades. Neste movimento, percebe-se que Ogum instiga as pessoas a caminharem juntas e unidas na busca de vitórias.

Existe, ainda, a dança do *Aforiba* (ou *Afuíba*) ou dança do *Atã*, realizada em algumas nações, representando a força de três Orixás: Ogum, Xangô e Iansã.

Ogum, Orixá da "lava[33]" – lava esta que, tal qual acontece na natureza, avança e se alastra pela terra preenchendo espaços e conquistando terreno –, necessitando ser acalmado na sua ira, contou com a intervenção de Iansã, Orixá do "vento", cujo "sopro" fez com que a "lava" se solidificasse, transformando-se em "rocha", que é a representação do Orixá Xangô.

Durante a ritualização do Batuque, percebe-se Ogum cortejando Iansã que, por sua vez, passa a cortejar Xangô, no propósito nítido de provocar Ogum, dando causa a uma batalha entre os dois Orixás masculinos. Iansã, neste momento, entra na briga para mostrar que é capaz de enfrentar qualquer dificuldade ou conflito, segurando em uma das mãos uma garrafa com uma bebida feita de frutas específicas e guaraná *(Atã)*. Ogum e Xangô, da mesma forma, além de suas espadas, carregam essa mesma bebida. Em determinado momento, Iansã embebeda Ogum para fugir com Xangô. Nessa disputa, Ogum fica para trás e Iansã parte junto com Xangô, significando, sob a ótica da

---

[33] É o material expelido pelo vulcão durante uma erupção.

natureza, que a "lava" de um vulcão pode ser acalmada pelo "vento", transmutando-se em "rocha", justamente o que ocorre quando Iansã apazigua Ogum e vai ao encontro de Xangô. Esta passagem mostra que o "vento" conquista tudo e apenas é conquistado quando vai ao encontro da pedreira.

Lenda: Conta-se que Ogum, guerreiro destemido, invadia e dominava tudo e a todos, sem receio, da mesma forma que a "lava de um vulcão", pois ninguém tinha forças para detê-lo em uma batalha, circunstância que o permitiu dominar territórios e conquistar povos. Num determinado momento de sua trajetória, Ogum conhece uma moça chamada *Oyá* (Iansã), que se interessa por ele, contudo Ogum só pensava em batalhas. Certa feita, Iansã soprou sobre Ogum seu encanto, que acabou cedendo à sua sedução e acalmando sua fúria de conquistas. Foi dessa forma que *Oyá* (Iansã) venceu Ogum em uma batalha, fazendo com que ele se apaixonasse por ela e desistisse das guerras. Com isso a "lava" foi esfriando e dando lugar à rocha e aos outros elementos.

3º) Iansã

Representa o vento, a força das tempestades e dos raios, carregando em sua mão um *urixim* (eruesin), instrumento feito de rabo de cavalo e cabo de osso, usado para espantar moscas, mas também símbolo que representa um chicote no qual ela afasta os *eguns*[34]. Quando os iniciados dançam para Iansã, observa-se que suas mãos estão em constante movimento, como se com uma espada estivesse cortando o ar.

Em alguns momentos, nota-se um movimento lento de arrastar suas vestes ao chão, como se ela, com seu saiote, estivesse remexendo os ossos ou buscando tesouros escondidos. Em alguns cultos ou nações, a ritualística é diferente: os filhos permanecem dentro do salão (em sinal de respeito) e um filho acompanhado de um Orixá desloca-se até os fundos do Terreiro, onde se situa o *Balé*, para acender

---

[34] Espírito de pessoa que desencarnou.

as velas para Iansã, representando o poder de conduzir os espíritos até a Casa das almas. Ao retornarem desse ritual, os filhos ou Orixás que foram acompanhá-los até o *Balé* batem cabeça no *Pegi*, em sinal de respeito aos Orixás de suas cabeças e aos Orixás em respeito aos seus filhos, confirmando o respeito e a segurança que existe dentro do *Pegi*. Após, é realizado um toque para Iansã chamado *gegê*, no qual os filhos dançam com muita força e movimentos de liberdade, representando que Iansã, a partir desse momento, está nos trazendo um mundo livre de tristezas ou pesares que a morte carrega, estimulando-nos a viver com desprendimento.

Lenda: Conta-se que um dia chegou na aldeia de Iansã um homem (Xapanã) com o corpo coberto de feridas que eram tapadas por vestes de palha. As pessoas da aldeia, por medo, hostilizaram o homem, dizendo que ele era mensageiro da morte. Sem perceber que estava sendo observado por Iansã, esse homem curou um leproso, sendo convidado, então, a comparecer em uma comunidade que estava sendo contagiada pela lepra. Para lá se dirigiu e curou os doentes. Iansã ficou comovida com o gesto do homem e lançou em direção a ele um sopro muito forte que fez com que as palhas voassem e as feridas que habitavam o corpo saltassem feito pipocas, curando o rapaz. A partir de então, o homem não precisou mais se esconder por detrás das vestes, mostrando sua beleza. Em agradecimento, concedeu à Iansã o poder sobre os *eguns* e deu a ela o privilégio de, juntamente com ele, governar o mundo dos mortos.

4º) Xangô

Xangô era considerado rei em todas as nações, por isso os filhos dançam fazendo um movimento como se suas mãos estivessem em equilíbrio, lembrando uma balança. A certa altura da cerimônia realiza-se o toque para o Orixá Xangô *Kamuká*, momento em que todos os filhos, bem como a assistência, ficam de joelhos, reverenciando o Orixá. Este é o Orixá da Justiça, que acolhe os filhos e concede a infinita misericórdia[35]. Quando nos sentimos injustiçados, é a ele que pedimos ajuda e conforto.

Quando da celebração da obrigação principal da Casa, após se realizarem os preceitos e fundamentos, é efetivado para Xangô uma *Balança*, que consiste em uma roda formada por filhos que cumpriram obrigação de aprontamento de *Ori* (cabeça) ou receberam suas feituras, na qual sob o rígido zelo do *Alabê (tamboreiro)*, se dá o toque de *Kassun (balança)*, se pede ao Orixá Xangô e aos demais Orixás que receberam suas obrigações, oferendas e homenagens, que concedam a todos os benefícios da saúde, felicidade, fartura e abundância.

O movimento da balança consiste na formação de uma roda, quando aqueles que contam com o *Apronte de Ori* dão-se as mãos e, ao som do *Ilú (tambor)*, movimentam-se para dentro da roda e se afastam, dentro de uma cadência própria e de um movimento contínuo (para frente e para trás). Este movimento, que representa o ápice do ritual, faz com que haja a manifestação dos Orixás através da possessão.

Ato contínuo é tocado o *Alujá,* ritual representando que as oferendas foram feitas e as obrigações bem aceitas por cada Orixá que saúda a cerimônia com sua chegada, representando, com sua dança, o ciclo da vida que o Orixá está simbolizando. São movimentos característicos que não só Orixás, mas os iniciados presentes também desenvolvem, pedindo que em suas vidas não haja somente momentos de sacrifício, mas também momentos de certezas por ter suas orações atendidas. Após, é tocado o *Gegê* representando a aceitação das oferendas e dos pedidos. É o momento em que se comemoram as entregas e renúncias.

Lenda: Para comemorar suas vitórias, Xangô reuniu seus amigos em uma festa. Após uma longa viagem, Oxalá e Iemanjá, pais de Xangô chegam ao vilarejo com suas vestes sujas e são confundidos com mendigos, passando a ser maltratados. Pedindo algo para comer, lhes

---

[35] Xangô Kamukáé o Orixá que em um momento de fúria e ira descontrolada tomou uma decisão precipitada, cometendo uma grande injustiça aos seus seguidores. A partir desse momento, Xangô começou a pesar os fatos e balancear os acontecimentos, não se deixando mais levar por prejulgamentos ou aparências, deixando de agir impiedosamente e com descontrole.

foram servidos restos de comida dentro de um cocho. Ao saber da forma desrespeitosa como seus pais foram tratados, Xangô lhes pediu misericórdia, dizendo que todos, indistintamente, deveriam ser tratados com dignidade e respeito, sem qualquer distinção. A partir de então os alimentos passaram a ser servidos em uma gamela de madeira, para que todos lembrassem que a humildade deve começar pelo rei, e o respeito aos velhos não pode ser jamais esquecido.

5º) Odé e Otim

Odé simboliza o caçador que, em sua caminhada, toma rumo desconhecido pela floresta em busca de alimento para seu povo. Mostra que nesta jornada nunca se está só, existindo sempre a companhia de alguém que possa nos amparar, figura esta representada pela cuidadosa Orixá Otim.

Com sua aparência dócil e calma, Odé é, no íntimo, um Orixá aguerrido. Apresenta-se como um exímio e destemido caçador, obstinado pela conquista, não teme o desconhecido, encontra nas dificuldades soluções e transforma os obstáculos em oportunidades diante de seu ímpeto de superação.

Orixás da fartura e abundância, Odé e Otim suprem o alimento do corpo e do espírito. Logo, o movimento que se observa na evolução dos toques para estes Orixás (*xirês*), é feito com os dedos das duas mãos, lembrando um arco e flecha e, em outro momento, o manuseio do estilingue, ambos instrumentos de caça.

Lenda: Odé era um Orixá solitário que muito novo foi para a mata caçar, pois era preciso suprir as necessidades de sua aldeia. Iemanjá, sua mãe, de quem Odé era filho preferido, preocupada com suas longas ausências, pede a Ogum, seu outro filho, que vá procurá-lo. Ogum encontra Odé acompanhado de uma linda jovem, que havia sido banida de sua aldeia por ter nascido com quatro seios, o que a tornava alvo de chacotas e agressões. Seu nome era Otim. Certa feita, ela encontrou um caçador ferido e com o uso de plantas e ervas o curou, o que fez com que Odé passasse a nutrir amor pela jovem

Otim. Iemanjá, reconhecendo o amor verdadeiro do filho, concedeu-lhe um lugar no *Orun (céu ou mundo espiritual)*. Otim se tornou também uma Orixá, passando a representar a certeza de que a caminhada nunca será solitária e que sempre haverá um ombro amigo para ajudar nas dificuldades. E mais: que a pessoa não pode ser julgada por sua aparência, e sim por aquilo que traz dentro de si.

6º) Obá

Dona da roda, representa o fluxo contínuo e a certeza de que nada deve ficar parado ou estagnado, permitindo que as coisas fluam.

Nos toques do *Ilú*, quando dos *xirês* em homenagem a este Orixá, observa-se, num primeiro momento, o movimento que lembra o bater de um pilão. Por representar a esposa e a mãe dedicada, o gesto mostra Obá manuseando o alimento para proporcionar ao marido e aos filhos o melhor. O bater do pilão também representa a transformação, a reconstrução de uma ideia ou opinião a partir de um ponto de vista, enfim, o momento pode levar a diversas interpretações. Na evolução do *xirê*, observa-se o movimento dos antebraços colocados paralelamente ao corpo e as mãos realizando movimentos circulares em sentido horário e anti-horário, como se estivessem enrolando e desenrolando algo. Trata-se da manipulação de uma roda, numa demonstração de que esta deve girar em todos os sentidos, permitindo o alcance de várias soluções para um mesmo problema. No *gegê* a esse Orixá, vemos os iniciados cobrindo a orelha esquerda com a mão, numa demonstração simbólica de que quando existe dentro de cada um o amor verdadeiro, sua demonstração não tem limites.

Lenda: Diz a lenda que Xangô tinha três esposas: Oba, Iansã e Oxum, que viviam brigando e disputando a preferência do marido. Um dia Obá entrou na cozinha e viu Oxum com um turbante cobrindo uma das orelhas e muito feliz. Obá, que era a esposa mais ciumenta, perguntou qual o motivo da alegria de Oxum, tendo esta respondido que havia preparado o melhor de todos os *amalás* – comida preparada para o Orixá Xangô, principalmente com quiabos. Oxum disse que cortou uma de suas orelhas e colocou sobre a comida e que Xangô a encheria de carinhos após comer a iguaria, exatamente o que aconteceu. Obá, enfurecida pelo ciúmes, também cortou uma das orelhas e colocou em cima do *amalá*. Chegando em casa, Xangô viu a linda gamela posta à mesa. Xangô come, porém, ao ver a orelha de Obá, a repreende. Oxum, que estava sem turbante, mexeu a cabeça para que o cabelo deixasse mostrar suas duas orelhas ornadas com brincos de ouro. Esta é a razão pela qual Obá cobre a orelha decepada com a mão esquerda na dança.

Na verdade, essa lenda faz referência a dois rios da Nigéria – Obá e Oxum – que rivalizavam em força e beleza de suas águas. Entretanto, ao se moverem em direção a uma cadeia de montanhas rochosas (a pedra é símbolo de Xangô), o rio Oxum se mantém com sua mesma forma e vigor, enquanto o rio Obá perde sua força e beleza, mostrando que, nessa disputa, a força de Oxum se sobrepõe a de Obá.

Na cultura africana, a orelha é símbolo máximo de beleza, sendo seu adorno bastante cultuado. Portanto, a perda da orelha fez com que Obá perdesse seu encantamento e formosura, cedendo lugar a Oxum.

7º) Ossãe

Senhor das ervas medicinais, Orixá responsável pela vitalidade, representa um dos médicos da religião. Na dança em homenagem a esse Orixá, usam-se os dedos gesticulando-se como se batendo em uma folha para fazê-la cair no chão. Em outro momento, o movimento feito revela o Orixá como tendo apenas uma única perna. Em seu fundamento se percebe também a chegada de vários Orixás para dançarem em seu *xirê* , pois sendo Ossãe o senhor das ervas e tendo ele dividido esse conhecimento com todos os outros Orixás, os mesmos lhes prestam muito respeito.

Lenda: Ossãe, por dominar o conhecimento das ervas, foi à mata buscá-las para curar os males que assolavam as aldeias, quando foi preso. Sem poder reagir, pediu a Iansã que soprasse e que a força do vento levasse as folhas aos seus respectivos destinos, para que cada Orixá, responsável por sua aldeia, fizesse o melhor uso destas, promovendo a cura dos afetados pelas chagas. Percebendo, contudo, que sua aldeia ficara desprotegida, Ossãe se mutilou, cortando sua própria perna com intuito de se desvencilhar do grilhão que a prendia. Com esse gesto, pôde ir ao encontro de sua tribo, levando as ervas necessárias para promover a cura da sua comunidade. Juntamente com Oxum, Ossãe é o Orixá que rege as riquezas das matas.

8º) Xapanã

Senhor da morte, ele carrega consigo o peso das epidemias e o conhecimento de como erradicá-las. Ao dançar para este Orixá, o gesto feito equivale àquele realizado quando se empunha uma vassoura para varrer o chão. No movimento, segura-se a saia, kafka[36] ou a bombacha, deixando claro que nada pode ficar escondido e que ao varrer o chão, faz-se uma limpeza espiritual, permitindo a esse Orixá nos impregnar com seus fluidos positivos, aliviando o ambiente e seus filhos de cargas negativas. Ao dançar para Xapanã, devem ser feitas preces de saúde e vitalidade, que serão alcançadas.

Em outro momento, filhos e Orixás, rodando em círculo, fazem um movimento de fora para dentro da roda, levando as mãos ao chão e depois as levantando, num pedido para que Xapanã leve todas as doenças, moléstias e chagas, afastando as amarguras do corpo debilitado.

Outro gesto marcante é quando as duas mãos são levantadas ao mesmo tempo, como se estivessem carregando dois pratos de barro cheios de brasa ardente, símbolos da purificação.

Lenda: Xapanã nasceu com o poder de curar as pessoas. Contudo, em cada aldeia que entrava e a cada cura que realizava, absorvia em seu corpo as moléstias, ficando cada vez mais tomado pelas chagas. Seu altruísmo e o calor humano aos enfermos era comovente. Seu corpo era coberto por trapos, justamente para esconder as feridas e ao mesmo tempo suavizar a dor. Percebendo o desprendimento e a bondade de

---

[36] Roupa que tem o estilo de bata (comprimento dos ombros aos pés).

Xapanã, Oxalá transformou as chagas de Xapanã em raios de sol, pois ele tem o poder de curar e, ao mesmo tempo, levar calor à humanidade.

Ao se encerrar os *xirês* a Xapanã, o *Ecó*[37] é levado ao meio do salão, acompanhado dos axés desse Orixá e de uma quartinha[38]. Ao mesmo tempo coloca-se, também no meio do salão outro *Ecó*, agora para Oxum, simbolizando que estes seres desencarnados, sejam eles *obsessores*, *eguns*[39] ou *kiumbas*[40], que por motivo qualquer tenham sido convidados ao ato religioso, deverão se retirar, pois o ato representa o momento de limpeza e descarrego, inclusive de purificação. O *Ecó* absorve todas as cargas negativas, tanto do ambiente como das pessoas. Nesse momento, pede-se aos Orixás maior clareza em nossas vidas, caminhos abertos, saúde e felicidade.

Os Orixás, ao levantarem o *Ecó*, estarão conduzindo esses seres até a encruzilhada, onde farão o despacho dos *Ecós e* dos *axés* de Bará, ritual esse que consiste em liberar, através da bebida e do *axé*, a força vitalizadora que absorve fluidos negativos, lançando-os na natureza para que elas possam ser manipuladas de uma forma adequada, sendo a encruzilhada o ponto de início onde a jornada deve começar, tanto no plano material quanto para os espíritos com sua condução ao plano espiritual.

No momento em que este ritual se inicia, salvo os Orixás, ninguém mais poderá olhar para o centro do salão, ficando todos de costas, pois, segundo o fundamento, todo aquele que olhar a saída do *Ecó* atrairá a negatividade, pois se trata de um momento de descarrego. Quando os Orixás retornam do cruzeiro é tirado um *axé* para Ogum, Orixá que libera o acesso às encruzilhadas e que, com suas armas, no curso da sessão, realizou a limpeza espiritual do salão. Os iniciados e Orixás fazem movimentos como se estivessem com suas saias, túnicas e bombachas varrendo e ao mesmo tempo se limpando e limpando o ambiente.

---

[37] Retirada de toda energia negativa existente nas pessoas e no ambiente.
[38] Recipiente de barro usado para acondicionar líquidos.
[39] Espírito desencarnado que por desconhecimento desta nova situação fica próximo das pessoas queridas, causando prejuízo por força do padrão vibratório de suas energias.
[40] São eguns rudes e atrasados na evolução espiritual, considerados negativos.

9º) Ibejis[41]

Orixás infantis simbolizados por dois meninos que representam saúde, vitalidade, força e alegria, bem como a inocência. Ao invés de dois meninos, tem sido adotado um menino e uma menina, representada por uma Oxum moça, visando manter a dualidade nesta forma infantil. Durante a dança, as duas mãos são levadas ao alto, com as palmas voltadas para cima, simbolizando um pedido de misericórdia aos Orixás. São oferecidos bandejas e pratos contendo doces e guloseimas, para que as crianças tragam *axé* de energia e força. Os doces são distribuídos entre os presentes (iniciados e assistência) e a cada doce oferecido deve-se pedir saúde e alegria, demonstrando que após a jornada por onde se passa por Xapanã (que representa a transformação do estado físico e mental), a importância das crianças é primordial para que se possa perceber a necessidade de sempre e invariavelmente ter-se vitalidade e alegria.

Na religião, há um ritual voltado às crianças, denominado "Mesa de Ibeji", momento de compartilhamento de pureza e amor. Estende-se no chão do salão de festas uma toalha, em cima da qual se colocam doces e guloseimas. As crianças são dispostas ao redor da mesa, que traz, no centro, o *amalá* de Xangô. Inicia-se o ritual servindo-se às crianças sopa (canja), refrigerante (guaraná) e os doces entregues pelos Orixás, sempre em sentido anti-horário. A sopa é servida no sentido anti-horário, porém o recolhimento dos pratos se dá no sentido horário. Tem que se ter o cuidado de não levantar o prato da mesa, salvo no momento do recolhimento. O número mínimo de crianças ao redor da mesa não pode ser inferior a seis (número de Xangô). No final da festa, ainda em sentido anti-horário, as crianças, em fila, passam em frente ao *Pegi* onde recebem uma pequena colher de mel na boca, tomam água e lavam as mãos, nessa sequência. Neste ritual são feitas oferendas para saúde e para obter misericórdia (problema sério), sucessos

---

[41] A palavra Igbeji que dizer gêmeos. Forma-se a partir de duas entidades distintas que coexistem, respeitando o princípio básico da dualidade.

em processos judiciais e destrancamento de papéis. Pode ser definido como um ritual de fartura e prosperidade, além de vitalidade e saúde.

Lenda: Em determinado período, na Terra, as mulheres deixaram de produzir leite para amamentação de seus filhos, ocasião em que as crianças passaram a receber doces e outras guloseimas em substituição ao leite materno. Este foi o primeiro sinal para que as mulheres percebessem que estavam estéreis, pois a amamentação é um momento de dadivosa ligação física e emocional entre a mãe e o recém-nascido, sendo que a partir daí poderiam estar deixando de conceber seus filhos. Dois meninos, vendo o que se passava, foram até a beira de um rio e num ato de misericórdia ofereceram a Oxum os presentes e doces que haviam ganho. Oxum, sensibilizada, concedeu a fertilidade e capacidade de amamentação às mães. Percebendo a fé das duas crianças, Oxum os elevou à condição de Orixás, colocando no coração do homem a inocência.

10º) Oxum

Senhora das cachoeiras, rios e lagos, representa a vaidade. Para homenageá-la dança-se como se olhando um espelho e, em outro momento, arrumando os cabelos.

Também é notada a saudação a Oxum "velha" através de movimentos cadenciados e lentos, representando o peso da idade e da responsabilidade de uma mãe que zela por seus filhos.

Durante a sessão votiva, o Orixá distribui seu *axé* em forma de perfume, doces e flores, como representação da vaidade, do brilho e da riqueza, além da doçura. Pede-se e invoca-se a benção de um amor verdadeiro, de um sentimento puro, para que nunca falte saúde e riqueza, tanto material como espiritual.

Lenda: Conta-se que, um dia, os homens promoveram uma grande festa, onde se gabavam de suas façanhas, contando suas histórias e dizendo-se responsáveis pelo plantio, pela criação de gado e ovelhas e que as crianças eram saudáveis por conta do seu trabalho. Dias depois, as plantas começaram a morrer, o gado e os animais deixaram de dar leite e as aves de produzir ovos. As mulheres ficaram estéreis e as crianças começaram a adoecer, o que levou os homens a consultar um *Oluwo*[42], que lhes disse que na festa faltou Oxum, senhora da vida, da geração e mantenedora do *axé* (força vital). Então, os homens foram ao rio e levaram várias oferendas a Oxum, prometendo uma festa em sua homenagem. A partir desse momento, Oxum cobriu a terra com seu *axé* de fartura, fertilidade e riquezas.

11º) Iemanjá

É mãe, figura que amamenta, gera, cria e educa. Na dança, o primeiro movimento é cadenciado, uma alusão àquilo que o mar tem a nos oferecer. Em seguida, vemos uma coreografia que nos lembra a força das ondas. Os movimentos com os braços parecem abrir as águas do mar ou, até mesmo, recebê-lo à nossa volta. Há, ainda, um momento em que o *xirê* é mais cadenciado e forte, trazendo a percepção da força desse Orixá. Nessa ocasião, percebe-se que os obstáculos são removidos ou transpostos.

Lenda: Conta-se que a Terra estava sofrendo uma terrível seca. Animais morrendo, plantas e até mesmo a humanidade. Foi então que uma mãe, em desespero, chegou à beira de um rio e entregou seu filho a Iemanjá, para que ele não morresse. Iemanjá viu o desespero dessa mãe e o sacrifício que ela estava fazendo e começou a chorar, emocionada. Suas lágrimas se transformaram em um grande lago e esse foi aumentando até dar origem ao mar. A partir desse momento, o mar ocupou grande parte da Terra, estando presente onde os seres vivos também estivessem, garantindo que não faltaria mais alimentos e que nenhuma criatura viesse mais a sentir sede ou fome. Ela ofereceu seu leite materno e cercou as terras de rios, propiciando o crescimento dos animais e plantas, dando o domínio dos rios a Oxum.

---

[42] Pessoa responsável por interpretar, através de sinais (oráculos são as pessoas), os desejos e as vontades dos deuses.

12º) Oxalá

É o pai de todos os Orixás, cujo saber e conhecimento acumulados ao longo do tempo são transmitidos aos filhos. A dança para Oxalá é a última da ritualística e manifesta-se com movimentos calmos, pois após a longa caminhada (que foi a passagem por todos os Orixás) esse é um momento de desaceleração e de reflexão acerca de tudo que aconteceu ao longo da caminhada.

Os filhos recolhem a base de suas vestimentas e, se curvando um pouco, mostram que a idade pode trazer mais reflexão e que temos que observar cada passo para que ele seja dado com segurança.

Posteriormente, em outro momento dentro do ritual, é estendido sobre a cabeça dos filhos e assistência um pano branco, chamado *Alá*, representando a proteção que esse Orixá concede aos seus protegidos e que sempre haverá alguém, acima de nós, ensinando a humildade, o que é representado pelo olhar voltado ao chão. Ao mesmo tempo, nos é ensinado a olhar para os lados, percebendo que todos, indiscriminadamente, independentemente de raça, cor, nível social e idade devem ser merecedores do mesmo respeito e consideração, por estarmos, todos, irmanados nesta caminhada terrena.

A seguir o *Alá* é recolhido, simbolizando que a caminhada do aprendizado foi percorrida e nos trouxe o fruto da sabedoria para lidarmos com o peso das responsabilidades.

Num momento seguinte, nota-se a execução do *xirê* com movimentos fortes e firmes lembrando que, ao envelhecer, além do peso da idade, agregamos o conhecimento de lidar com as dificuldades, devendo-se conduzir a vida pautada pela alegria.

No final da cerimônia, os Orixás que permanecem até o final da jornada retiram os *axés* de fundamento e se recolhem ao quarto de santo, preparando o fim da solenidade.

Ao término da possessão dos Orixás, alguns dos filhos assumem posturas infantis, por estarem ainda sob um transe, e isso acontece da mesma forma que quando estão sobre a influência do seu Orixá. São denominados *axerés*. Trata-se de entidades que equilibram a energia despendida no culto, fazendo com que o filho recarregue suas energias e possa se manter em pleno uso de suas faculdades emocionais, assim como se restabelece fisicamente depois do transe. São de extrema importância no culto, pois representam a maturidade e a responsabilidade, dando passagem ao lado ingênuo e infantil de cada um de nós, mostrando que, após um trabalho árduo, tem que ter um momento de relaxamento, voltando a ser criança. Os *axerês* ou *axeiros* trocam o sim pelo não, o certo pelo errado, falam de uma forma infantil, muitas vezes se magoando por pouco.

Temos, aqui, uma lição a aprender, a de que jamais se deve magoar uma criança, pois ela representa a extensão do Orixá (não devemos confundir inocência e alegria com atos de infantilidade e imaturidade humana). O objetivo do *axerê* é harmonizar a energia do filho, deslocada durante a cerimônia, sendo atribuição da forma infantil o zelo, o cuidado e a responsabilidade de trazer o equilíbrio e energia de volta aos seus filhos.

Lenda: Diz a lenda que Oxalá foi visitar um de seus filhos, Xangô e, no caminho, encontrou um cavalo que havia dado ao filho, decidindo, então, devolvê-lo. Os guardas, vendo um velho mal vestido conduzindo o cavalo do Rei Xangô, pensaram que se tratava de um ladrão e o levaram à prisão, onde permaneceu confinado. Todos sentiram a falta de Oxalá e não conseguiam encontrá-lo. A Terra começou a ficar triste, sem vida; as mulheres não entendiam mais os homens, as plantas não mais germinavam, o dia e a noite começaram a não se respeitar mais. Foi aí que Xangô procurou *Ifá*, que lhe narrou que uma grande injustiça havia sido cometida no reino de Oxalá e que ele estava preso no cativeiro. Quando Xangô se aproximou do seu pai na prisão, ajoelhou-se e lhe pediu misericórdia, promovendo uma festa em sua homenagem tendo, antes, o cuidado de dar-lhe um banho com rosas, vestindo-o com roupas brancas. A partir daí determinou que todos também se vestissem de branco para lembrar que injustiças poderiam ser cometidas, mas que se encontraria sempre a misericórdia em Oxalá. Por isso, em suas festividades, todos se vestem de branco, usam flores e rosas brancas, muitos lavam seus Templos e Terreiras para lembrarem da importância desse Orixá na Terra.

Representação dos Orixás na Cerimônia do Batuque

A cerimônia do Batuque, na ordem dos *xirês*, representa a evolução da pessoa e a jornada por ela percorrida no curso da vida.

Bará: É a criança que começa a engatinhar e descobrir o mundo que está em sua em volta.

Ogum: Representa que, após o engatinhar, devemos nos levantar, a princípio utilizando um apoio e, posteriormente, sem qualquer auxílio, estando seguro para seguir na vida com passos firmes. É quando o mundo passa a ser visto sob outra perspectiva, ampliando os horizontes até então limitados.

Iansã: É o momento em que começam as escolhas pessoais, fase em que a vida coloca a criança como protagonista da sua existência.

Xangô: É a busca do aprendizado e do entendimento através da leitura; a compreensão das normas de conduta e diretrizes da sociedade. É o início da fala, do compreender e fazer-se compreender, ao mesmo tempo em que desperta a noção do que deve e o que não deve ser feito ou dito, bem como a ocasião de falar e de calar-se.

Odé e Otim: É a ida ao encontro a algo visando suprir uma necessidade. É a criança que amadurece, despertando a criatividade e o desejo de ter, estágio representado pelo Orixá Odé, o caçador que, além de suprir as necessidades, protege e zela por sua tribo, enquanto a Orixá Otim mostra que a caminhada nunca é solitária.

Obá: É a compreensão de que a vida é representada por uma roda que gira, onde cada ação corresponde uma reação, demonstrando ser necessário o movimento, a busca, a conquista, o seguir em frente. Nesta etapa, o jovem, percebendo o significado de sua vida, constata que diante dos obstáculos deve reagir ao invés de demonstrar passividade.

Ossãe: É a fase em que o jovem vai ao encontro da sexualidade, virilidade e vitalidade, compreendendo o poder da sedução, deixando o instinto atuar.

Xapanã: É a compreensão dos cuidados que se deve ter em relação ao corpo físico e mental e suas limitações, porquanto existe uma integração entre corpo e alma. É o momento da transformação, quando o jovem se torna adulto assumindo com responsabilidade as atitudes tomadas, os atos praticados, bem como enfrentando os imprevistos e percebendo que o final de tudo é onde tudo começa.

Ibedjis: É a criança que permanece viva dentro do adulto, ensinando que a vida é um constante aprendizado e, portanto, feita de acertos e erros, sendo necessário, sempre, perdoar. É a constatação de que não se deve perder a pureza da criança, gargalhando e sorrindo das situações e de si mesmo, o que torna a vida mais leve, aliviando as tensões do dia a dia, enfim, transformando a vida numa brincadeira sem jamais perder a responsabilidade.

Oxum: Já adulto, é o momento de amar, de tomar decisões e criar vínculos afetivos, de julgar menos e compreender mais.

Iemanjá: É o momento de compreensão, de fazer prevalecer o pensamento positivo e de assumir responsabilidades maiores como, por exemplo, constituir uma família, gerar e criar os filhos. Nesta fase as perguntas começam a encontrar respostas e estas deverão ser avaliadas com muita ponderação. É o momento de se criar laços pessoais, afetivos e emocionais com as pessoas, reatando vínculos perdidos e criando novos.

Oxalá: É o atingimento da maturidade plena, da sabedoria, revelando que a jornada tem começo, meio e fim e que a história da vida é escrita por cada um de nós. Nesta etapa da vida passa-se a ter consciência do que efetivamente se quer. Que os julgamentos devem ser feitos com ponderação. É quando olhamos para dentro de nós e percebemos a importância da espiritualidade

A roda de Batuque representa, nas sequências das danças em que homenageados os Orixás de Bará a Oxalá, as etapas da vida, do nascimento à velhice, mostrando que a nossa existência é composta de valores, crenças e fé.

CAPÍTULO 5

RITOS ESPECIAIS

Este capítulo tem o objetivo de mostrar a riqueza das cerimônias realizadas dentro das Terreiras e os desígnios destas na vida dos iniciados, bem como a forma com que estas deverão ser recebidas pelos frequentadores da Casa.

A cerimônia do Batuque representa a renovação de fé, o momento de se dar voto de confiança e de amor aos Orixás. Nesta oportunidade, agradecemos as graças alcançadas, confraternizando com nossa família espiritual as vitórias, sucessos e conquistas materiais e espirituais.

A CERIMÔNIA

A cerimônia, dentro do culto, acontece quando, na Casa, há o envolvimento de seus iniciados nas obrigações votivas. O Batuque, que é o tema deste livro, é celebrado através dos movimentos que os filhos realizam balançando os braços, as pernas e os pés, dançando em consonância e harmonia com o toque que está sendo realizado.

Os filhos ficam dispostos em roda, que representa o fluxo, o movimento contínuo, onde cada integrante representa o elo de uma corrente; cada *xirê* ou toque representa a história, o cotidiano ou o objetivo, a meta que se quer alcançar na vida. No decorrer da cerimônia, *xirês* são tocados para cada Orixá, sendo que a vibração do toque, acompanhada do movimento dos filhos, faz com que se encontre a sintonia necessária para ocorrer a possessão. Como já foi dito, a falta de conhecimento da religião faz com que muitos dos filhos deixem de participar de momentos importantes da cerimônia, muitos dos quais de harmonização e equilíbrio da vida.

Como toda cerimônia, o Batuque tem começo, meio e fim. O toque ao Orixá Bará (o primeiro a ser invocado) é tão importante quanto o do Orixá Oxalá, o último, de modo que ao sair do culto antes do seu encerramento, se estará desprezando e faltando com respeito ao Orixá que está ou que, em breve, estará sendo homenageado, bem como externando desconsideração ao tamboreiro que, com seu carinho, respeito, dedicação e responsabilidade está realizando esta obrigação. A saída precoce do culto revela, igualmente, falta de respeito com o dono da Casa e com todos os Orixás que se fazem presentes nas possessões ou não. Não dançar para todos os Orixás faz com que a pessoa perca a oportunidade de absorver e alcançar as bênçãos que a motivaram a comparecer na Terreira.

No culto são homenageados, pela ordem: os orixás de frente (Bará, Ogum, Iansã, Xangô, Ode e Otim, Obá, Ossãe, Xapanã e Ibejis), que representam o trabalho e a conquista, e ao mesmo tempo a sabedoria de usufruir o descanso merecido que o tempo proporciona, e os Orixás de praia (Oxum, Iemanjá e Oxalá) que, justamente, são os últimos a serem homenageados, e não sem motivo, pois após uma vida de trabalho árduo, da correria do cotidiano e de conquistas, a pessoa deve relaxar, andar em um ritmo mais calmo, aproveitar cada momento e pedir as bênçãos para que a jornada seja leve e prazerosa.

Não há, dentro do culto, nenhum Orixá mais importante que outro, visto que cada qual traz diferentes *axés* para as pessoas. Todos os Orixás são sagrados e a cerimônia é realizada para se render homenagem a todos, indiscriminadamente, para agradecer o sagrado, tudo com muito respeito, humildade, dedicação e fé.

Deve-se ter cuidado com a vaidade e a arrogância dentro da religião, devendo-se saber que o médium não passa de um fio de ligação do Orixá com o mundo, de um mero "convidado" a participar do processo de possessão, "emprestando" o corpo para possibilitar que os deuses possam trazer as bênçãos e o conforto que muitos precisam.

Batizado

O batizado poderá ser realizado de três momentos distintos:

1º. Dá-se ainda no útero materno, mediante a realização de uma segurança de vida, pedindo que os Orixás de praia zelem e cuidem do feto e da mãe, trazendo a eles saúde e felicidade, e que a criança venha ao mundo com plena saúde física e mental;

2º. Em outra possibilidade, o batismo poderá ser realizado após o nascimento, quando os pais, juntamente com os padrinhos do recém-nascido, o levam à Terreira para ser batizado, a fim de que ele possa ser cuidado e protegido pelos seus padrinhos, tanto no plano material como espiritual, cabendo a estes cuidar, zelar e proteger o afilhado pelo resto de suas vidas, estendendo esta relação com o Orixá pela eternidade.

3º. O terceiro momento em que o batismo poderá ocorrer é quando da iniciação, a qual consiste no ritual de batismo (propriamente dito), em que, após a preparação do *Abo,* lava-se a cabeça do iniciado com a finalidade de colocar o filho sob a proteção dos seus Orixás, a quem deverá render respeito e fé. Cria-se, neste momento, uma ligação incorpórea entre o iniciado e o mundo espiritual, cujo elo mais forte dá-se entre o iniciado e seu Orixá.

Casamento

Esta cerimônia caracteriza-se pela sagração do casal, pedindo-se que os Orixás permitam uma caminhada terrena e espiritual regada de muito amor e harmonia.

A cerimônia não necessita coincidir com datas determinadas, podendo ser realizada a qualquer tempo, bastando existir o interesse e o desejo de duas pessoas caminharem lado a lado no curso da vida.

A ritualística do casamento é muito linda e tem seu início quando o *xirê* homenageia a Orixá Oxum. Neste momento, os padrinhos, aos pares, adentram ao salão, onde estão sendo esperados pela comunidade religiosa e pelos Orixás, que traçam um caminho com palmas brancas cruzadas, simbolizando a paz e a esperança. A seguir são encaminhados até o *Pegi*, sendo entregue a cada padrinho uma palma e uma vela acessa para iluminar a decisão tomada.

Não sendo o casamento uma prisão entre duas pessoas, e sim uma união que resulta do amor, respeito e carinho recíproco, o casal pede aos Orixás que abençoem as núpcias enquanto existirem estes legítimos sentimentos, cuidando e zelando para que nada interfira no compromisso assumido e que a união seja farta de amor, harmonia e felicidade, concedendo ao casal muita saúde para que a caminhada seja longa e próspera, e que, a partir de então, não estejam mais sós na caminhada.

O presentear

Em festas ou Batuques, presenteiam-se os Orixás por curas bem sucedidas realizadas por eles, abertura de caminhos, pelo consolo de um abraço em um momento de desespero ou fraqueza, por conquistas e vitórias obtidas, enfim, por uma infinidade de graças alcançadas.

Importante registrar que o agradecimento aos Orixás independe da festividade, podendo ser registrado no plano astral a partir de todo o objetivo alcançado. Contudo, o "presentear", por critério do dirigente da Casa, deverá ocorrer em datas predeterminadas, devendo-se ter o cuidado de separar o médium do Orixá, pois é a este que se está a presentear com flores, perfumes, bolos, doces e ornamentos para a Casa de religião e outros.

O Aprontamento

Momento de grande alegria e realização, tanto do filho, que está recebendo seus axés, como do iniciador que delega a ele responsabilidades e confiança. O aprontamento consiste em uma cerimônia em que o filho é apresentado à comunidade e aos visitantes, para que todos saibam que a partir daquele momento recebe autorização de seu *Zelador de Santo*[43] e dos Orixás para fazer uso do *axé* (força de energia emanada pelos Orixás, através de preceitos específicos, também de suas comidas votivas e de suas ferramentas) que lhe está sendo oferecido. O filho passa a ter permissão para conduzir a vida daqueles que o procurarem ou forem levados a seu Templo religioso. Esse ritual se dá em três momentos específicos, a saber:

1. Axé de faca (Axé de Obé): o filho, posicionado de joelhos, recebe das mãos de seu iniciador e seus padrinhos o Axé de Obé, para que ele esteja apto a conduzir com firmeza os trabalhos a serem realizados, podendo, dessa forma, realizar os preceitos necessários após um aprendizado árduo e responsável.

2. Axé de Búzios (Axé Ofá): compreende a liberação de agir como intérprete das ordens e das respostas, assim como conselhos que serão passados pelos Orixás através do jogo de búzios. A cerimônia consiste na colocação do filho de joelhos, no centro do salão, onde recebe de seu iniciador e padrinhos o Axé de Búzios ou *Ofá*[44], assumindo a responsabilidade de conduzir espiritualmente a vida do consulente, sabedor que nunca poderá usá-lo de forma errada, tampouco realizar interpretações erradas do que está sendo transmitido. O Axé de Búzios é dado ao filho pelo seu Zelador, mas ele é transmitido ao filho pelos seus Orixás.

3. Axé de Comando: representa que a partir deste momento o filho poderá dar início a sua Casa religiosa, sempre sob a orientação e

---

[43] Pai de Santo, pai de Terreiro, babalorixá e outros termos são usados nas religiões afro-brasileiras para designar a pessoa responsável ou que possua a autoridade máxima de um Terreiro.
[44] O que vê tudo.

presença do seu iniciador. É o momento desse filho gerar seu carisma e magnetismo para poder começar sua caminhada, zelando pela sua feitura e pelos fundamentos passados pelo seu iniciador. Deverá cumprir todas as obrigações que são realizadas dentro do culto, estando sempre aberto ao aprendizado do seu fundamento religioso.

LIBERAÇÃO DO ORIXÁ

Este ritual consiste na "liberação de fala" após determinado tempo de prática e aprendizado religioso, ou seja, após a realização de suas feituras e dentro do preceito da Casa, é dado ao filho permissão para transmitir a mensagem dos Orixás. Essa autorização somente ocorre após o Zelador de Santo avaliar a postura de integração, domínio e respeito do filho em relação à Casa e seus frequentadores (irmãos e visitantes). A partir daí, é observada a postura do Orixá, ou seja, a forma como ele conduz seu filho tanto no universo religioso quanto na vida particular, o modo como esse Orixá, ao manter seu filho sob possessão, age e reage a tudo que acontece dentro do culto religioso, devendo estabelecer um elo muito grande de responsabilidade. Mesmo assim, a permissão somente é concedida após o Pai de Santo adquirir confiança necessária no Orixá em possessão que, a partir de então, passará a dar aconselhamento na condução dos problemas e, por assim dizer, em determinadas ocasiões, auxiliar o consulente na condução da sua própria vida.

E mais: para que ocorra a liberação de fala, o Orixá deverá ter o controle total sobre o filho durante a possessão. O ritual é realizado, única e exclusivamente em prol do Orixá, pois foi ele quem conquistou esse direito e privilégio enquanto em transe no seu filho. Esse ritual é um ato apenas de liberação e confiança no Orixá, cabendo a ele passar por rituais de confirmação, pois a confirmação maior já se deu pelos seus atos e atitudes, assim como na sua postura dentro do culto. Esse é um ritual de confiança e não de se colocar à prova um deus manifestado em seu filho.

O Alá

Esse ritual é realizado quando, ao se tocar para Oxalá, se coloca acima da cabeça dos filhos e simpatizantes um pano branco que representa a fé e a união. Neste momento, se pede a Oxalá que nos cubra com sua infinita bondade, nos protegendo de qualquer maldade ou intenções negativas.

É comum perceber a manifestação desse Orixá nesse ritual, pois ele chega para abençoar a todos os presentes transmitindo a certeza de que ninguém estará desamparado nesta caminhada. Ao final, enrola-se o pano branco, colocando-o sobre os ombros de um Orixá ou filho, deixando clara a posição que os mesmos ocupam no culto e a confiança que lhes é conferida, pois a estes está sendo dado o privilégio de conduzir o equilíbrio e a harmonia que deve existir dentro da família religiosa, assim como fora deste recinto, após o encerramento da cerimônia.

O Ecó

Este ritual pode variar de culto ou Nação. O *Ecó* é uma bebida consagrada ao Orixá Bará, e tem por finalidade, ao ser levado até o centro do salão, a invocação de limpeza espiritual. Nesse instante, os filhos de santo e a assistência se posicionam de costas em relação ao local onde for colocado o *Ecó* e passam a ser realizados *xirês* ou toques para Bará. Em seguida, as comidas votivas e as bebidas são levantadas pelos Orixás presentes e conduzidas até a encruzilhada escolhida para a realização do despacho[45]. Retornando ao salão, são retirados os axés de Ogum, para que ele possa finalizar o ritual, permitindo a passagem dos caminhos, pois sendo Ogum, o dono das passagens, e Bará, dos caminhos, um não pode realizar seu trabalho sem o outro; então a saída do *Ecó* é um momento de limpeza e também de pedidos de abertura e conquistas, não só no momento do culto ou em função da harmonia do Terreiro, como também com assuntos pessoais e materiais de todos os participantes.

---

[45] Oferendas deixadas em algum lugar, no caso, na encruzilhada.

A balança para o Orixá Xangô

Este ritual consiste em uma roda formada por filhos que cumpriram o aprontamento de *Ori*. Os filhos são dispostos em roda, respeitando-se a ordem dos toques dos *xirês* na cerimônia, quando é tocado para Xangô, pedindo-se para que ele receba as obrigações e oferendas, ao mesmo tempo em que se pede misericórdia, saúde e felicidade. Neste momento, são invocados os Orixás através do toque cadenciado denominado *Kassum* (balança), que chegam para receber homenagens, agradecimentos e pedidos dos filhos e iniciados. Somente após a realização dessa etapa, considerada o ápice da cerimônia, é que os Orixás se manifestarão através da possessão.

Ajoelhar-se

É o pedido de misericórdia ao Orixá ao qual se está realizando o *xirê*, podendo, inclusive, ser dirigido ao Orixá do dono da Casa, ao Orixá do *Zelador do Filho*[46] ou, até mesmo, ao Orixá, dentro do culto, a quem se renda grande respeito. Ao se ajoelhar, o filho deverá levar a cabeça próxima ao chão, pedindo para que o Orixá traga misericórdia. Momento também em que todos os iniciados se ajoelham para que um irmão cumpra sua obrigação de bater cabeça, representando respeito por aquele que está realizando essa obrigação e por seu Orixá.

Bater cabeça

Como já mencionado em outro capítulo, a prática de "bater cabeça" constitui um ato de respeito e obediência aos Orixás. É uma demonstração de humildade o movimento de deitar-se de frente, encostando a testa no chão, aos pés do Orixá e de respeito ao *Pegi*, local onde os Orixás encontram-se assentados. Bate-se cabeça, ainda, ao

---

[46] Pai de Santo ou Mãe de Santo.

Babalorixá ou *Yalorixá*, aos padrinhos e aos filhos e Orixás que conquistaram o respeito dos iniciados.

Importante registrar que jamais se deverá confundir respeito com submissão: este se constitui numa aceitação de domínio absoluto, enquanto aquele é um tratamento dispensado a alguém com atenção, consideração e deferência.

INTERVALO

O intervalo é o momento em que o *Ogã* (tamboreiro) cessa o toque do tambor para descansar e recobrar a energia física, o que ocorre em dois eventos durante a sessão: para que haja o agradecimento aos Orixás pelas conquistas alcançadas e para receber seu abraço, seu *axé*, e no momento em que são servidas comidas votivas e pratos elaborados para alimentar o corpo, posto que o espírito já está sendo alimentado. É o momento de confraternização.

DOCES

Existem dois momentos no ritual em que ocorre a distribuição de doces: no *Axé de Ibejis*, no qual se entregam aos Orixás doces e guloseimas para serem oferecidas aos filhos de santo e para a assistência, representando saúde, alegria, inocência e vitalidade; e no *Axé de Oxum*, quando os Orixás distribuem balas, bombons e pirulitos representando a doçura que esse Orixá representa e transmite.

PERFUMES E ESPELHOS

Em determinado momento da cerimônia distribuem-se espelhos ao Orixá Oxum, por ser esta a deusa da beleza, o que também ocorre, em determinados fundamentos, em relação ao Orixá Iemanjá. O espelho não simboliza apenas o fetiche da beleza e vaidade, mas também representa as diferentes percepções e/ou distorções que seu uso poderá gerar, como, por exemplo, refletir o belo, inclusive algo contrário, que necessitará ser analisado e trabalhado.

O perfume é oferecido a Oxum simbolizando a beleza, o brilho, a riqueza, o amor e todos os símbolos que Oxum irradia e representa. A Orixá Oxum borrifa no salão perfume, distribuindo este *axé* aos que estão na roda e na assistência.

CAPÍTULO 6

TRANSE E POSSESSÃO

O transe ou possessão é uma forma de mediunidade, no qual o filho manifesta capacidade de receber, através da possessão, seu Orixá, alcançando os canais mais sensíveis do médium. Muitas vezes se observa que pessoas, sem qualquer vinculação com a religião, e mesmo sem terem sido iniciadas, entram em transe, o que demonstra que a mediunidade existe em todos nós. Vale dizer, todo ser humano tem mediunidade, em maior ou menor grau, podendo se manifestar sob outras formas (intuição, visão, audição, psicografia, premonição etc) que não, necessariamente, o transe/possessão.

A manifestação deste dom mediúnico demonstra a existência de um canal sensitivo que aflora no médium, mesmo naquelas pessoas que desconhecem os preceitos e fundamentos religiosos. Entretanto, o não praticar a religião (que não exige seu ingresso por conta de um necessário desenvolvimento natural de mediunidade) poderá, justamente por essa condição, atrair para o seu campo mediúnico obsessores. Esses obsessores são capazes de bloquear outros canais sensíveis do médium, pois sob influências destes poderá haver uma falta de comunicação do médium com seus familiares, amigos e colegas, podendo também as manifestações bloquearem o cardíaco e o emocional do médium, prejudicando-o na sua busca profissional.

Os Orixás são energias divinas que emanam da natureza a partir dos elementos água, terra, fogo, ar e de locais sagrados e de grande concentração de energia, como destacado no capítulo "Curiosidade de cada Orixá".

Os médiuns que praticam o Batuque não incorporam, porquanto trata-se a incorporação de uma ação do espírito (desencarnado) sobre o ser encarnado. Como o Batuque trabalha com as forças da natureza, o médium entra em possessão, que é o estado de transe, sendo tomado por seu Orixá de cabeça[47], que passa a assumir integralmente as funções motoras e o mental do seu médium.

A pergunta recorrente nas palestras proferidas pelo autor é: como se faz possível um mesmo Orixá se manifestar em mais de um médium no mesmo Terreiro ou, ao mesmo tempo, em vários Terreiros espalhados no país?

O exemplo que se tem dado para esta situação é o que acontece com a chama, cuja luminosidade e o calor alteram-se a partir de fatores diversos, sendo possível cada um perceber a intensidade da luz, do brilho e do calor, de maneiras diferentes.

Os Orixás, como forças emanadas da natureza, geram em cada filho, quando da possessão, a energia que lhe é própria. Para que a chama se mantenha acesa, irradiando luz e calor, é preciso que a pessoa dela se aproxime. À medida que há o distanciamento, estes fatores deixam de existir na sua plenitude.

A relação entre o Orixá e o seu médium pauta-se pela intimidade e cumplicidade entre eles, identificada a partir do cumprimento de preceitos e obrigações por parte do médium para, assim, manter-se próximo do seu Orixá e retirar o máximo da energia por ele emanada.

Cada médium recebe a energia de uma forma própria, absorvendo em maior ou menor intensidade o feixe de luz que brota, passando

---

[47] Todo ser humano nasce sob a influência de um Orixá, que o acompanha desde o nascimento até o fim de seus dias.

a ser único dentre os demais filhos, motivo pelo qual é possível haver diversas possessões conjuntas e simultâneas.

Obsessores podem causar distúrbios físicos, como doenças, males e também transtornos mentais, como fobias, traumas e crises de depressão, relacionados unicamente a fatores espirituais e não físicos e/ou clínicos. Em situações como estas, é recomendado ao médium o desenvolvimento da mediunidade, mediante o aprendizado e o exercício de como trabalhar esse dom em uma Terreira.

A capacidade do médium de entrar em transe (o mesmo ocorre na possessão) se dá de três formas:

Consciente: o médium percebe o seu entorno, mas não pode, de forma alguma, interagir com o que está acontecendo ou tomar o controle do transe; tal impossibilidade decorre do fato de que o médium mantém-se sob o comando do Orixá;

Semiconsciente: o médium percebe, como em *flashs*, o que se passa em sua volta, podendo, por vezes, enxergar o que se passa no ambiente; em outros momentos, nada vê, sendo que em qualquer das duas situações não poderá interagir com o que se passa ao seu redor, uma vez que o Orixá detém o controle total do transe;

Inconsciente: o Orixá bloqueia as percepções do médium, bem como todos seus canais naturais como visão e audição. Por estar absolutamente inconsciente, o médium fica prejudicado no quesito aprendizagem, pois não poderá interagir com o Orixá. Por absoluta ausência e percepção, o médium, ao mesmo tempo em que se sente acolhido e protegido, perde a capacidade de interagir e, a partir daí, presenciar o sentimento de ser tocado por seu Orixá.

Merece destaque a referência feita por Pai Maneco, quando trata das dúvidas que assolam os médiuns quando da incorporação, esclarecendo que existe uma fusão do espírito do médium com o espírito comunicante, criando-se uma terceira energia. Exemplifica esta situação didaticamente: o café e o leite, separados, são puros. Misturados, criam uma terceira bebida, podendo ser mais preto ou mais branco, conforme a porção de cada um. Mas sempre a união de ambos terá uma terceira qualidade. (www.paimaneco.org.br)

Diante dessa realidade, é importante não perder de vista o fato de que, nas relações mediúnicas, o médium não passa de um intermediário, de um fio condutor.

POSSESSÃO

É o momento em que o Orixá vem à Terra para abençoar os partícipes da cerimônia, para receber agradecimentos e atender pedidos.

Quando da possessão, chama atenção os deslocamentos do Orixá pelo salão, primeiramente indo até a porta de entrada para pedir ao Orixá Bará permissão para usar seus caminhos. Em seguida desloca-se até o Quarto de Santo, onde cumprimenta o dono da Casa, que está assentado nos seus fundamentos, agradecendo ao convite para a cerimônia. Depois disso, comparece na frente do tambor para agradecer o toque que o convidou e ao tamboreiro pela invocação feita.

QUEBRAR O ORIXÁ

Expressão utilizada para identificar o ato de romper a ligação física entre médium e Orixá, consiste no movimento de tocar a articulação existente em ambos os braços do médium, dobrando os braços em direção ao peito deste, soprando-lhe ambos os ouvidos. A partir deste momento, não existirá mais a presença do filho no ritual, e sim apenas de seu Orixá. Esse ato se faz necessário em razão do elevado grau de energia recebida pelo médium no momento em que entra em possessão.

Quebrar o Orixá significa concentrar no médium, e somente nele, a energia dispersa no ambiente. Considerando-se a elevada carga de energia recebida, é necessário romper o elo entre o sagrado e o humano para que o transe se torne único e individual, sem interferência do mental e do físico do médium. Esta é a razão pela qual *Quebra-se o Orixá.*

A subida

Após o Orixá vir à Terra para abençoar e receber, de diversas formas, o carinho e o respeito de seus filhos e simpatizantes, a "subida" coincide com o momento em que ele retorna ao *Orum*. Neste instante, o Orixá é conduzido ao Quarto de Santo ou peça contígua, onde é realizado um ritual chamado de "despachar o santo", que consiste na subida do Orixá, findando a possessão. Da mesma forma é tido como o ato de interrupção da possessão do Orixá sobre seu filho, deixando claro que a partir daquele momento o filho passa a ser o único responsável por seus atos e suas atitudes.

Axêro

É a forma infantil que o médium manifesta após a subida do Orixá, representando a extensão deste, cujo objetivo consiste em equilibrar a energia que foi deslocada com a possessão, restabelecendo os fluidos perdidos pelo médium.

Não se trata apenas de uma criança que veio à Terra para brincar e fazer arruaça, mas sim de um Orixá que merece respeito pelo trabalho que desenvolve em prol do médium, repita-se, reequilibrando as energias perdidas no transe. O respeito e a reverência a essas entidades podem ser materializadas na oferta de guloseimas e refrigerantes. Uma vez cumprida sua missão, esses deuses, que bem sabem o momento, subirão.

O tabu

É um assunto complexo além, é claro, de ser bastante polêmico, não se prestando, a presente obra, para adentrar em dogmas e/ou deturpações envolvendo o tema.

É equivocado o entendimento professado por alguns que consideram o transe somente nas hipóteses de inconsciência do médium.

Importante ressaltar que no transe há um momento de intimidade entre o médium e seu Orixá, não havendo razão para que se teçam comentários quanto ao grau de consciência ou inconsciência durante a possessão, tema que diz respeito somente ao médium e a ninguém mais.

O tabu reside, exatamente, no entendimento do médium em manter-se em silêncio quanto a esta questão e a terceiros, sejam irmãos de santo ou não, de não questionarem o assunto, insista-se, por se tratar de um ponto em torno do qual se deva manter distância. Seria, num paralelismo, como a pessoa revelar seus mais íntimos segredos, particularidades que somente a ela interessam.

Estas recomendações, de como se colocar dentro do culto e do seu papel de filho no mundo espiritual, são muito importantes e devem ser passadas pelo iniciador, de modo que o médium não tenha nenhuma dúvida e sinta-se seguro e protegido nesta missão que lhe foi reservada.

O objetivo do iniciador é, justamente, evitar que alguns aspectos da religião sejam deturpados, mostrando ao filho que a escolha pela religião exige responsabilidade e que o crescimento, como tudo na vida, depende da dedicação e do estudo.

CAPÍTULO 7

ARQUÉTIPOS

Arquétipos são padrões de comportamento, por meio dos quais se faz possível identificar em cada filho o Orixá que rege sua vida. Para apresentar de forma didática o assunto, serão descritas as características de cada um dos Orixás, o que permitirá ao leitor identificar as características que melhor se amoldam a sua conduta e a forma como conduz sua vida:

Filho de Bará: É levado pelos prazeres e gosta de tudo que for ligado ao deleite e ao encanto. Tem facilidade de comunicação, sendo extremamente brincalhão e, oscilando entre o comportamento brigão/violento e dócil/sensível, assume algumas vezes atitudes irresponsáveis e, em outras, um comportamento protetor.

Filho de Ogum: É muito inteligente, criativo, pragmático e por vezes violento. Tem perspicácia acentuada e corre atrás de suas conquistas, sendo incansável em seus propósitos, revelando-se astuto e valente.

Filho de Iansã: Muito inteligente, traz consigo a característica de ser uma pessoa temperamental, ciumenta e mandona, impulsiva que, de repente, explode para, logo a seguir, se acalmar, mostrando seu lado doce e sensível.

Filho de Xangô: Equilibrado em suas decisões, não obstante tenha comportamento, por vezes, explosivo. Gosta de coisas boas como comidas, perfumes e companhias. Sua maior característica é ser justo, buscando sempre o equilíbrio das situações. É um orador nato, comunicativo e traz consigo a facilidade de fazer amigos. É muito vaidoso.

Filho de Odé e Otim: Pessoa inteligente, discreta e refinada, sente-se responsável pelas pessoas que estão a sua volta. É o legítimo "caçador", sempre disposto a suprir as necessidades dos familiares e amigos; atencioso, brincalhão, altruísta e sensível.

Filho de Obá: É sereno, calmo e solidário, denota gosto por música e arte; é inteligente e sedutor, talvez por este motivo revele-se muito ciumento, um tanto possessivo.

Filho de Ossãe ou Ossanha: Pessoa de bom gosto, procura estar sempre bem humorada, adora compartilhar suas ideias e dividir suas opiniões; muito prática, não deixa nada para ser resolvido outro dia; galanteador, sedutor, carinhoso e altruísta.

Filho de Xapanã: É introspectivo e observador; é pessoa de poucos amigos, voltada às suas próprias coisas e problemas; é muito fiel e se revela um amigo para toda vida; generoso e inteligente;

Filho de Ibejis: Dotado de extremo senso crítico, gosta de boa comida e de se vestir bem; sedutor e galanteador, conquista as pessoas com seu jeito alegre e brincalhão.

Filho de Oxum: Pessoa elegante e requintada, gosta de coisas boas, comidas, perfumes, de se vestir muito bem; não gosta de se envolver em intrigas e fofocas; dengosa e astuta, é muito inteligente.

Filho de Iemanjá: Protetor e maternal, adora adornos e estar bem vestido; ciumento e muitas vezes rancoroso, dominador e muito prático; inteligente, sensível, comunicativo e astuto.

Filhos de Oxalá: Dominador, mandão, autoritário, muito sincero, astuto e observador; requintado, comunicativo, dócil e protetor, ciumento e sedutor.

CAPÍTULO 8

DIAS DA SEMANA DESTINADOS A CADA ORIXÁ

Dentro do culto está destinado, a cada Orixá, um dia específico, conhecimento indispensável por trazer reflexo, muitas vezes, na forma como as oferendas e os pedidos deverão ser realizados para produzirem o melhor efeito.

Segunda-feira – Bará, Ossãe e Ogum: É o dia do despertar, de buscar o que se quer e tomar a iniciativa, dando o primeiro passo à intenção.

Terça-feira – Xangô e Iansã: É o dia de ordenar e colocar em prática a forma de como será conduzida a semana, ou seja, se de maneira mais extravagante, com brilhos e encantos, ou de modo mais centrado, focado na criação de projetos, elaboração de metas e dedicação aos estudos.

Quarta-feira – Oxalá, Xapanã e Obá: É o dia destinado à introspecção, oportunidade em que se analisa como iniciou a semana e o que pode ser feito para melhorá-la, realizando, para tanto, uma avaliação acerca dos prós e contras antes da tomada das atitudes necessárias.

Quinta-feira – Ogum: É o dia destinado à tomada de iniciativas, de acreditar no que realmente se quer para ir atrás de suas metas, implementando as mudanças necessárias.

Sexta-feira – Iemanjá, Bará, Odé e Otim: É o dia apropriado para realização de análises profundas, a fim de entender o que deve ser melhorado na vida de cada um e de que forma os projetos devem ser construídos e postos em prática.

Sábado – Oxum: É o dia que deve ser reservado para cada um de nós realize uma avaliação interior e reflita sobre tudo que nos cerca, buscando uma solução para os problemas e aflições. Não é dia para se pensar em trabalho, mas sim o momento para se dar atenção àqueles que estão ao nosso lado.

Domingo – Oxalá: É o dia de se dedicar ao exame e colheita dos resultados, comemorando os bons e, no caso de terem sido estes ruins, retirar dos acontecimentos o aprendizado. É o momento próprio para buscar respostas e montar a estratégia para que a segunda-feira inicie de forma positiva e proveitosa.

CAPÍTULO 9

FERRAMENTAS E OUTROS ELEMENTOS DOS ORIXÁS

O local sagrado, onde estão assentados os *otás*[48], ferramentas e instrumentos votivos, é denominado *Pegi*. Neste espaço, identificam-se elementos consagrados aos Orixás como símbolos e fetiches por eles utilizados, podendo ser elencados alguns:

Chave e corrente = **Bará**.

Espada, escudo e punhal = **Ogum**.

Urixim ou *ueresín*[49], leque, espada em forma de raio, alianças e ornamentos = **Iansã**.

Balança, caneta, livro, raio, machadinha e pilão = **Xangô**.

Arco e flecha, palmeira, cabaça, escudo, estilingue e objetos de caça = **Odé e Otim**.

Roda, brincos, argolas que representam uma roda, timão e palma = **Obá**.

---

[48] Pedras usadas no cerimonial de assentamento. Pedra pertencente ao Orixá (cada Orixá tem a sua própria pedra). O Otá representa, na simbologia religiosa, o corpo físico do Orixá, sendo que a escolha deve ser feita por cada médium, utilizando-se como critério a forma da ferramenta utilizada por cada um dos Orixás. Não se trata de pedra preciosa ou com valor comercial, muito menos ostenta coloração, tratando-se, isto sim, de pedra bruta, que traz no seu âmago a energia e a força identificada pela força intuitiva do médium que a elege como ferramenta do seu Orixá.
[49] Vassoura confeccionada com crina de cavalos.

Bengala, muleta, jabuti, palmeira e materiais cirúrgicos = **Ossãe.**

Vassoura confeccionada com búzios, cruz, *xaxará*[50], máscaras confeccionadas com palha = **Xapanã.**

Espelho, leque, peixe, coração, pente, flores, perfume = **Oxum.**

Leque, espelho, âncora, peixe, perfume e barco = **Iemanjá.**

Bengala, *Opaxorô*[51], *Alá*, pomba e olho de vidro = **Oxalá.**

Existem, ainda, outros elementos que não se relacionam precisamente a um único Orixá, mas que integram os assentamentos. Por exemplo:

Quartinhas: vasilhas feitas de barro, com tampa;

Alguidares e pratos de barro;

Gamela: prato confeccionado com madeira;

Pratos de louça e cerâmicas;

Obés: facas utilizadas para cerimoniais;

Perfumes, que simbolizam a harmonização do ambiente, o equilíbrio entre o plano astral e físico, simboliza a vaidade;

Espelhos, símbolos da proteção e vaidade;

Ori ou banha, utilizada para fixar o *axé*, tendo como finalidade concentrar energia no médium e/ou nos objetos, trazendo consigo o poder de magnetizar;

Velas votivas utilizadas com o intuito de iluminar os caminhos dos iniciados.

Velas, cores e aplicações

Há uma crença equivocada, de que a vela votiva oferecida é destinada ao Orixá, quando é sabido que a entidade, por ser dotada de luz infinita, não precisa da luminosidade que lhe estaria sendo ofertada.

A vela é utilizada para que a pessoa alcance uma graça, ao passo que a cor escolhida revela a intenção que se busca, conforme abaixo indicado:

---

[50] Cabaça confeccionada com búzios.
[51] Bastão ornamentado com búzios ou outros elementos.

Vela vermelha: Oferecida aos Orixás Bará, Ogum e Iansã, visando gerar a busca, conquista e paixão.

Vela verde: Acessa aos Orixás Ogum e Ossãe, para se obter vitalidade e saúde, sendo o verde a cor das folhas, representa os tratamentos homeopáticos.

Vela azul royal com branco (poderá também ser azul royal com rosa): Votivas aos Orixás Odé e Otim, representando a busca por algo, preenchimento de necessidades, abundância, fartura e vitalidade para alcançar os objetivos.

Vela rosa: Oferecida à Orixá Obá, senhora que representa o fluxo das coisas, apaziguadora de atritos e conflitos, representa também o amor fraterno e puro.

Vela vermelha e preta ou roxa e lilás, ou preta e branca: Votiva ao Orixá Xapanã, que representa a transformação, isto é, há o simbolismo da morte no sentido de transformação, podendo representar, ainda, mudança do estado de espírito, superação, saúde e transposição de obstáculos.

Vela colorida: Destinadas aos Orixás Ibejis, representando a vitalidade, saúde, alegria, inocência e pureza.

Vela amarela: Oferecidas à Orixá Oxum, senhora que representa a riqueza, amor, saúde e fertilidade.

Vela Azul e seus matizes (ou lilás): Oferecida ao Orixá Iemanjá, a mãe protetora, representando a fecundação, geração, pensamentos positivos, organização de ideias e assuntos relacionados à família.

Vela branca (ou preta e branca): Destinada ao Orixá Oxalá, que representa o pai, no qual se busca sabedoria, equilíbrio, paciência, maturidade, harmonização de conceitos e pensamentos.

Vela preta: Seu uso é bastante polêmico, muito discutido e, na maioria das vezes, mal interpretado. Utilizada na mais alta magia, reunindo em si todas as cores e forças, representa o princípio, a saída da estagnação, tendente a iluminar o que está escondido ou confuso e, por consequência, a busca por um ponto de partida.

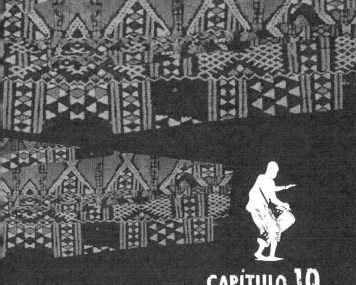

CAPÍTULO 10
PARTICIPANTES DO BATUQUE

O Tamboreiro

Figura por quem se deve ter o máximo respeito, pois é ele, através do toque, o responsável pela invocação dos Orixás no culto. Consequentemente, credita-se ao tamboreiro a responsabilidade pelo bom andamento do ritual, uma vez que deverá ter muita atenção às possessões (devendo manter o ponto tocado e cantado do Orixá, enquanto este estiver se deslocando pelo salão), além do cuidado na manutenção da harmonia dos *xirês*, na sequência dos toques, na movimentação do salão e apuro na manutenção da ordem dos *axés* que estão sendo tocados, para que haja a melhor resposta possível durante o ritual.

O tamboreiro deve estar familiarizado com os rituais da Casa na qual ele está inserido, para que saiba a maneira como cada Orixá se manifesta, a forma como o Batuque evolui no salão e o momento em que ocorrem as homenagens durante o ritual.

Para o desempenho dessa atividade, o tamboreiro deve realizar os preceitos do fundamento da Casa, como por exemplo, o aprontamento de *Ori*, pois os rituais poderão variar de uma *quinzena seca* (homenagem simples) a cerimônias específicas que exigem que o tamboreiro, na condição de invocador dos Orixás, tenha cumprido os mesmos preceitos das cerimônias que estão sendo realizadas.

O lugar onde fica o tamboreiro é o coreto. Espaço, dentro do salão destinado ao tamboreiro que, preferencialmente, deverá estar em local mais elevado, para que possa ver o que se passa no ritual e, desta forma, proceder da forma mais correta e precisa durante o toque. Neste local, podem ser encontrados diversos objetos musicais, como tambores, *ilus*, *ages*, *adjá/*, *alajés*[52], agogô e algumas vezes atabaques (embora esses sejam utilizados em outros rituais que não o Batuque).

A ASSISTÊNCIA

É constituída por aqueles que buscam um Terreiro, seja por curiosidade ou interesse, seja em busca de respostas e/ou conforto espiritual, sem terem sido iniciados nas práticas do culto. Logo, sem a realização dos preceitos que a religião apregoa.

O MÉDIUM

No momento que uma pessoa adentra na Terreira por necessidade espiritual deve receber, prontamente, a orientação do dirigente da Casa, para que possa entender o que está acontecendo naquele momento em sua vida, o que é feito através do jogo de búzios.

Através do jogo de búzios é possível identificar o Orixá que rege a vida do consulente, o que deverá ser observado sob a óptica da dualidade[53] masculina e feminina[54]. A interpretação adotada para

---

[52] Pequeno sino utilizado no culto.

[53] Os opostos sempre caminham juntos. No exemplo dos Ibeji, mostra que todas as coisas, em todas as circunstâncias, têm dois lados e que a justiça só pode ser feita se as duas medidas forem pesadas, se os dois lados forem ouvidos. A dualidade do orixá também se manifesta nos seus filhos, principalmente no que se refere às guinadas que dão nas suas vidas, que chegam a ser de 180 graus, indo de um extremo a outro sem a menor dificuldade. Mudam de repente da água para o vinho, assim como Oxumaré, o grande deus do movimento.

[54] A dualidade se dá a nível comportamental, pois a pessoa poderá ser doce e benevolente como Oxum e em outras situações, sério e solitário como Oxossi.

justificar a dualidade é que sendo o masculino identificado com a razão e o feminino com o coração, é recomendável que ambos caminhem juntos, ou seja, que haja um equilíbrio. Aliás, é do célebre Blaise Pascal a frase que permanece viva na memória das pessoas, quando diz: *"o coração tem razões que a própria Razão desconhece"*.

Na possessão, é importante esclarecer que o Orixá não interfere na sexualidade do médium, homens podem entrar em possessão com Orixá feminino e vice-versa, uma vez que o Orixá não rege a sexualidade ou a orientação sexual, pois ela é parte integrante natural do médium. O que a entidade rege é o arquétipo e a necessidade de busca de cada um, como nos capítulos acima foi identificado.

Muitas vezes a pessoa se apresenta com uma mediunidade aflorada, ou seja, capta energias e fluidos de pessoas e ambientes, ouve vozes, vê ou percebe vultos. Contudo, por desconhecimento e falta de informação, é vista como sendo alguém que sofre algum tipo de distúrbio psíquico, o que lhe rende, muitas vezes, visitas a psicólogos e psiquiatras e tratamentos medicamentosos, quando, na verdade, necessita tão somente de desenvolvimento espiritual.

A Terreira é um dos tantos locais existentes onde se pode buscar auxílio, esclarecimento, conhecimento e orientação para a realização de um trabalho muito especial para o qual a pessoa, abençoada por esta sensibilidade, já detém o dom e a capacidade de ser tocada.

É preciso deixar claro que religião (Batuque) não é sacrifício, muito menos obrigação, mas sim o caminho para o encontro com o sagrado e com os deuses que se manifestam na natureza, geradores de vida, canais condutores do fluxo de energia que fortalece e traz segurança para o enfrentamento da vida terrena.

O iniciador

O iniciador é a figura materna ou paterna, que através de um árduo caminho de aprendizado, abnegação e devoção, após o cumprimento de obrigações e feituras, encontra-se apto a dirigir e direcionar a vida do iniciado e das pessoas que buscam ajuda.

Usa-se na religião expressões como "Pai" e "Mãe" para se referir ao iniciador, dono da Casa, que poderá ser um *Babalorixá* ou *Yalorixá*, por serem os orientadores. Os sentimentos de afeto, carinho e amor transmitidos aos iniciados, denominados de "filhos" (não de sangue, mas adotivos – espirituais), decorrem de vários fatores, dentre os quais, se aponta o acompanhamento desde o "nascimento" para a espiritualidade, passando pelo "desenvolvimento" para alcançar o ápice, que acontece quando os iniciados estão preparados para o mundo, sentindo-se pessoas mais confiantes, seguras e fortes. É uma verdadeira relação entre "pai/mãe e filhos" devido ao nível de reciprocidade destes mais nobres sentimentos.

Diga-se mais: o iniciador sente-se privilegiado por iluminar a vida de um filho, idêntico sentimento por este nutrido pelo acolhimento do "pai/mãe" e por ter sido escolhido pelos Orixás a seguirem a caminhada espiritual.

O INICIADO E O FILHO DE SANTO

Iniciado é aquele que realizou o primeiro ritual da religião, que é o batismo. Filho de santo é o que realizou os preceitos de *Borido*[55] e cumpriu suas obrigações religiosas (conjunto de cerimônias e práticas, determinando que houve plena interação entre o filho e seu Orixá). Além do *Borido*, existem outros rituais, como o aprontamento de *Ori* e os axés de *faca*, *búzios* e, finalmente, o de *mando*.

A identificação e, principalmente, a confirmação do Orixá da pessoa se dá através do jogo de búzios e da iniciação deste na religião, o que ocorre após o *Amaci*[56] ou *Borido*.

---

[55] Ritual celebrado para fazer a ligação entre o iniciado e seus orixás.

[56] Vem da palavra "amaciar", "tornar receptivo", é o "despertar" das faculdades nobres do médium, que ainda estão adormecidas. É um líquido preparado com folhas e águas sagradas, escorado por alguns fundamentos específicos da Umbanda, e que tem como objetivo a lavagem da cabeça/coroa do médium. O Amaci 'desperta' as faculdades nobres do médium que ainda estão adormecidas, descarrega e apazigua o chacra coronário (centro de recepção espiritual superior) e ainda liga/religa o médium ao Orixá, fazendo com que ele tenha a sua vibração e energia interiorizada em seu espírito, mente e coração. Receber o Amaci é entrar em contato direto com o Poder do Orixá, é um momento de grande emoção e que deve estar enredado pela reverência, amor, devoção, lealdade e comprometimento para com o Orixá.

CAPÍTULO 11

CURIOSIDADES DE CADA ORIXÁ

Este capítulo é introduzido para saciar a curiosidade de muitos que, uma vez identificado o Orixá que rege sua cabeça, questionam a respeito de aspectos que envolvem o culto aos Orixás dentro do ritual de Batuque.

Procurou-se listar, de forma geral, algumas informações sem, logicamente, esgotar o tema, sempre respeitando as divergências, fruto do fundamento e da prática espiritual de cada Casa.

Orixá: Bará
Saudação: Alupô.
Cor: vermelho, vermelho e preto.
Metal: bronze, aço, estanho e cobre.
Locais sagrados e de concentração de energia: terra.
Oferendas: milho torrado, pipoca, sete batatas assadas, acompanhado de balas de mel, moedas e bombons em número de sete.
Flores: rosas vermelhas, cravos vermelhos e crisântemos na mesma cor.

Frutas: ameixa, maçã, romã, uva preta e amora.

Sincretismo: Santo Antônio e São Pedro.

Orixá: Ogum

Saudação: Ogunhê.

Cor: verde, verde e vermelho, vermelho e azulão.

Metal: aço, ferro, chumbo, cobre e bronze.

Locais sagrados e de concentração de energia: encruzilhada, beira das matas, mata, campina e proximidade aos trilhos de trem.

Oferendas: pode variar, desde a costela servida com farofa de dendê (farinha de mandioca e azeite de dendê), com farinha doce (farinha de mandioca torrada) e pipoca, alface e ovos.

Flores: rosas vermelhas e cravos.

Frutas: uva preta, abacate, maçã, laranja, cereja, amora e romã.

Sincretismo: São Jorge e São Paulo.

Orixá: Iansã, Inhança

Saudação: Epaiêio.

Cor: vermelho, vermelho e branco, roxo e marrom.

Metais: ouro, cobre, bronze, estanho e latão.

Locais sagrados e de concentração de energia: vento, encruzilhada, mata e cemitério.

Oferendas: um bolo confeccionado com batata doce, cozida e em forma de uma esfera, pipoca e maçã.

Flores: rosas (vermelhas, brancas e coloridas), cravos vermelhos e crisântemos.

Frutas: maçã, cereja, romã, amora, uva roxa, uva branca e pitanga.

Sincretismo: Santa Bárbara e Joana D'Arc.

Orixá: Xangô

Saudação: Caôcabecilê, KaôKabecilê.

Cor: vermelho e branco, vermelho e marrom e marrom.

Metais: ouro, bronze, estanho e cobre.

Locais sagrados e de concentração de energia: pedreira, cachoeira, mato e cemitério.

Oferendas: Amalá (prato confeccionado com carne, mostarda, pirão, bananas e maçã) e gamela com frutas diversas.

Flores: rosa vermelha, rosa branca, cravo vermelho, cravo branco, crisântemo vermelho e crisântemo branco.

Frutas: banana, maçã, carambola, morango, uva preta, uva branca e romã.

Sincretismo: São Jerônimo, São João e São Miguel.

Orixás: Odé e Otim

Saudação: Oquêoquêbamo, Okê okêbámo e ô im.

Cor: azulão, azulão e branco, azulão e rosa.

Metais: aço, cobre, estanho e bronze.

Locais sagrados e de concentração de energia: caça, mato, cachoeira, pedreira e encruzilhada.

Oferendas: Prato confeccionado com carne de porco, farofa doce (farinha de mandioca torrada) ou farinha azeda (farinha de mandioca com dendê), alface, pipoca, ovo, ovo de codorna e guloseimas.

Flores: crisântemos coloridos e rosas coloridas.

Frutas: bergamota, tangerina, maçã, pitanga, amora, pera, uva preta, romã e ameixa roxa.

Sincretismo: São Sebastião.

Orixá: Obá

Saudação: Exó, Echóinho.

Cor: rosa.

Metal: prata, cobre, ouro, estanho e latão.

Locais sagrados e de concentração de energia: cachoeiras, rios, mato e praça.

Oferendas: prato confeccionado com um bolo (canjica amarela e feijão fradinho), canjica amarela e feijão fradinho, temperos e refogados com mel.

Flores: rosa cor rosa e crisântemos coloridos.

Frutas: abacaxi, amora, maçã, fruta do conde, ameixa, cereja e uva preta.

Sincretismo: Santa Catarina.

Orixá: Ossãe, Ossanha e Ossaim

Saudação: Ássa! ÊU eu, ÊuÊu.

Cor: verde, verde e branco, verde e amarelo.

Metal: ouro, aço, bronze, cobre e estanho.

Locais sagrados e de concentração de energia: natureza, mata, agricultura, cachoeiras, campina e encruzilhada.

Oferendas: Prato com Opeté (bolo em forma de cone, preparado com batata inglesa e dendê), pé feito com batata inglesa, couve, linguiça, farofa doce (farinha de mandioca torrada), alface, ovo e linguiça em tiras ou fatias.

Flores: rosas amarelas, crisântemos amarelos, rosas brancas e crisântemos brancos.

Frutas: Pera, uva branca, uva preta, figo, ameixa, carambola, cereja, amora, pêssego e manga.

Sincretismo: São Judas Tadeu e São Benedito.

Orixá: Xapanã

Saudação: Ábáu, Àaabáu.

Cor: Vermelho e preto, vermelho, preto e branco, roxo e lilás.

Metal: chumbo, estanho, cobre e latão.

Locais sagrados e de concentração de energia: Cemitério, mato, cachoeira, campina e encruzilhada.

Oferendas: porongo confeccionado com canjica branca, amendoim torrado, amassados com dendê, pipoca, amendoim, milho, feijão preto torrado, batatas inglesas assadas (número de sete ou nove), vassouras (confecção de pedaços de panos coloridos com palha) e varas de marmelo.

Flores: rosa vermelha, rosa branca e crisântemos coloridos.

Frutas: ameixa, pera, uva preta, fruta do conde, jaca, pitanga, cereja, limão, maçã e carambola.

Sincretismo: São Lázaro.

Orixá: Ibeji
Saudação: ÔooooolIbejada, Caô cabecile.

Cor: vermelho e branco e colorido (todas as cores com exceção do preto).

Metal: ouro, prata, cobre e latão.

Locais sagrados e de concentração de energia: praças, jardins, mata, cachoeira, mar e parques de diversão.

Oferendas: doces e guloseimas diversas. Amalá.

Flores: rosas coloridas e crisântemos coloridos, cravos vermelhos e cravos brancos.

Frutas: de todos os Orixás.

Sincretismo: São Cosme e São Damião.

Orixá: Oxum
Saudação: ÓraIêIêu, Ôríìeieu!!!!!!

Cor: Amarelo, dourado, amarelo e branco.

Metal: ouro, cobre, latão e estanho.

Locais sagrados e de concentração de energia: rios, cachoeiras, lagos, mato, praças, pororoca e mar.

Oferendas: prato com canjica amarela, quindins (múltiplos de quatro), papo de anjo, fios de ovos e flores.

Sincretismo: Nossa Senhora Aparecida, Nossa Senhora de Lourdes, Nossa senhora da Conceição e Nossa Senhora da Graça.

Orixá: Iemanjá

Saudação: ÔmíÔdo, Ômíodo, Omíuáôdo, Salubá.

Cor: azul (matizes de azul), lilás, azul e branco, prateado.

Metal: prata, latão, cobre e aço.

Locais sagrados e de concentração de energia: mar, rios e lagos.

Oferendas: prato com canjica branca, cocada, coco ralado, canjica temperada com tempero verde e flores.

Flores: hortênsias, rosas brancas e crisântemos brancos.

Frutas: melancia, uva verde, maçã verde, mamão, melão e morango.

Sincretismo: Nossa Senhora dos Navegantes e Santa Ana.

Orixá: Oxalá

Saudação: EpáôBába, Êpaô Baba, Epapa ô Babá.

Cor: branco, branco e preto, prateado.

Metal: prata, ouro, aço e latão.

Locais sagrados e de concentração de energia: céu, mar, fundo do oceano e o pico de montanhas.

Oferendas: prato confeccionado com canjica branca, cocadas e merengues (múltiplos de quatro), coco ralado, ameixa seca e flores.

Flores: copo de leite, rosa branca e crisântemo branco.

Frutas: coco, maçã verde, uva verde, mamão, morango e melão.

Sincretismo: Jesus, Cristo redentor, Coração de Jesus e Menino Jesus de Praga.

CAPÍTULO 12

COMIDAS DE SANTO

As comidas estão relacionadas ao que chamamos de axé (energia sagrada dos Orixás), ou seja, através da preparação de comidas específicas é feita a oferenda para se obter um contato mais intenso, uma relação mais próxima com os Orixás.

O objetivo da oferenda é homenagear os Orixás e fortalecer os vínculos com os mesmos, além de alcançar a graça, a clemência, a misericórdia e obter o propósito desejado. As oferendas não são destinadas somente aos iniciados na religião, podendo ser utilizadas por todos que queiram cuidar do seu lado espiritual, oferecendo ao Orixá que se identifique com a intenção pretendida.

O que chama muito atenção é que as pessoas costumam correr para o Terreiro somente quando precisam de alguma coisa. Para resolver um problema, alcançar uma graça ou em momento de necessidade. Muito raramente aparecem para agradecer uma conquista, uma vitória ou mesmo a própria vida. A oferenda não é a cura para resolver todos os problemas, nem é suficiente para melhorar a vida de pessoas que permaneçam passivas, conformadas, sem ação, deixando-se ser levadas pela vida. A oferenda tem o propósito de levar a energia do

Orixá homenageado, sendo necessário, após a oferenda, que a pessoa aja, lute por seus objetivos, persiga seus sonhos, enfrente as adversidades, se conscientiza que nunca estará só no mundo e que seus Orixás estão vigilantes, atentos e empenhados em ajudá-la a conquistar seus propósitos.

Importante registrar que as oferendas devem ter por alvo apenas o bem. Jamais deverão ser feitas visando o mal, pois intenções negativas trazem energias ruins a quem as deseja.

Não se pode esquecer, ainda, que quando se recebe o presente do conseguimento de um objetivo perseguido, fazendo com que o fluxo da vida se resplandeça com resultados positivos, deve-se, sempre, externar a gratidão e esta poderá ser manifestada pelo axé da oferenda.

As oferendas, assim como os axés a cada Orixá, podem se diversificar e até mesmo mudar conforme a Nação ou a Casa em que são cultuados. Também há de ser levado em conta o fato de que alguns dos produtos são encontrados em determinadas regiões e não em outras, fazendo com que haja adequação das oferendas através de preceitos específicos, para que gerem equivalente energia. Assim como as pessoas homenageiam seus entes queridos, levando flores e velas aos cemitérios, crendo que o falecido sentirá o perfume de flores, a oferenda é preparada e entregue para que os Orixás sintam o aroma, o sabor e o cheiro das oferendas.

A preparação da comida de santo deve ser orientada e supervisionada pelo Pai ou Mãe de Santo, conforme a necessidade e o objetivo a ser alcançado, não sendo dada a qualquer pessoa, inclusive filhos da Casa, a liberdade de realizar este sagrado preceito por conta própria.

Como dito, cada prato elaborado aos Orixás serve para alcançar uma intenção e um objetivo. Por isso, considerando que no preparo manipulam-se forças e energias, é preciso se ter pleno conhecimento e controle sobre elas.

A simples execução das receitas, sem a orientação devida, poderá gerar resultado contrário ao desejado, inclusive deflagrar vibrações negativas. Por esse motivo, é necessária toda a cautela e cuidados na elaboração de uma comida a ser oferecida aos Orixás.

Estas obrigações são entregues aos Orixás no Peji ou em local apropriado, de acordo com a orientação do Pai ou Mãe de Santo, alcançando, em cada um dos casos, uma vibração específica, dependendo da intenção.

ORIXÁ BARÁ

Material:
400g de milho de galinha
1 xícara de pipoca
7 batatas miudas
7 balas de mel
7 bombons
7 chaves
7 moedas
Dendê

Modo de preparo:
Escolha e lave o milho, colocando-o em uma panela ou frigideira para torrá-lo. Adicione um pouco de dendê e deixe até alcançar a cor dourada. Lave as batatas miudas, colocando-as, a seguir, em uma frigideira com um pouco de água, deixando-as ferver até ficarem assadas. Estoure pipocas.

Em um prato de barro ou bandeja (essa pode ser ornamentada com um papel de seda vermelho), coloque o milho sem que encubra os demais elementos da bandeja/prato, colocando em volta balas de mel, bombons, chaves e as moedas. Despeje dendê sobre a oferenda.

ORIXÁ OGUM

Material:
1 costela de gado ou cabrito, com 3, 5 ou 7 ossos.
1 Ovo

200g de farinha de mandioca
1 xícara de pipoca
1 laranja
Alface
1 maçã
Dendê

Modo de preparo:

Asse a costela com um pouco de dendê, cuidando para que não fique crua. Coloque o ovo para cozinhar, fatiando-o em 7 pedaços. Misture a farinha com a mandioca.

Coloque em um prato ou bandeja de papel (que poderá ser coberta por papel de cor verde, vermelha, ou verde e vermelha, conforme a indicação). Ponha as folhas de alface e sobre elas, farinha com dendê e, posteriormente, acrescente a costela. Ao redor do prato/bandeja vão as fatias de ovo, pipoca e laranja (podendo dividi-la em 4 partes ou cortá-la em 7 rodelas). A maçã também é colocada juntamente com a laranja podendo ser adotado o mesmo corte. Coloque dendê sobre a oferenda.

ORIXÁ IANSÃ

Material:
1 par de alianças
mel
dendê
600g de batata doce
Pipoca
7 a 8 bombons
Podem ser acrescentadas folhas de pitangueira, conforme a indicação.

Modo de preparo:

Corte 7 ou 8 fatias de uma batata e frite-as em azeite comum. Corte o restante da batata em pedaços e coloque em uma panela para cozinhar. Após o cozimento, escorra a água e amasse a batata. Adicione um punhado de mel e dendê e faça um bolo (Opeté) dessa massa, abrindo um furo no meio.

Coloque em 1 prato de barro, louça ou papel (forrado com papel vermelho ou vermelho e branco e, ainda, com folhas de pitangueira).

Uma vez estouradas as pipocas, dispô-las no prato, deixando o bolo de batata no centro, acrescentando as batatas fritas em volta, juntamente com os bombons. Um par de alianças é colocado em cima adicionando-se mel e dendê. Pode se se forrar o prato com as folhas de pitangueira.

Orixá Xangô

Material:
600g de carne de peito
3 pés de mostarda
1kg de farinha de mandioca
12 bananas
1 maçã
6 a 12 bombons
Cebola
Tomate
Sal
Molho de tomate
Dendê

Modo de preparo:

Corte a carne em pedaços colocando-a em uma panela (de preferência de pressão) para fritar com um pouco de dendê, de forma a refogá-la. Acrescente cebola e tomate picado, cobrindo com molho de tomate e um pouco de sal. Os ingredientes deverão ser refogados até que fiquem dourados. Após isso, acrescentar água e colocar tudo para cozinhar por cerca de 40 minutos.

Lave 12 folhas de mostarda.

Depois de cozinhar a carne, adicione a mostarda (deixe-a apenas no bafo, escorrendo-a, após). Uma vez amornado o molho, acrescente água fria. Misture a farinha até engrossar a água, colocando para ferver, sempre mexendo no sentido horário. Neste momento eleve o pensamento, pedindo misericórdia. O ponto é quando o pirão ficar com uma coloração levemente dourada.

Disponha as 12 folhas de mostarda em uma gamela (que poderá ser revestida de papel vermelho e branco), coloque a carne, o pirão e as bananas (com ou sem casca, conforme a indicação), sobre o prato, coloque uma maçã cortada em 4 pedaços e 12 bombons. Adicione dendê sobre o amalá[57].

Orixás Odé e Otim

Material:
Costela de porco com 3, 5 ou 7 costelas ou 2/3 chuletas de porco
Ovo
Alface
Farinha de mandioca
Uva
Bergamota
Doces diversos
Dendê

---

[57] É a comida ritual votiva dos Orixás Xangô, Iansã, Obá e Ibeji.

Modo de preparar:

Asse ou frite a costela ou as chuletas de porco. Coloque o ovo para cozinhar para, em seguida, fatiá-lo em 7 pedaços. Torre a farinha de mandioca com um pouco de dendê.

Em um prato de barro ou bandeja de papelão (ornamentado com papel de cor azulão ou azulão e branco) coloque as folhas de alface e, nas camadas seguintes, disponha a farinha torrada, a costela ou chuletas de porco. As fatias de ovo são colocadas em volta, juntamente com a pipoca. Sobre as pipocas e a carne colocar a bergamota (que pode ser com casca partida em 4 ou descascada, em gomos), juntamente com a uva e os doces. Adicione, sobre a oferenda, um pouco de dendê.

Orixá Obá

Material:
300g Feijão miúdo
250g Canjica amarela
1 abacaxi
1 xícara de pipoca
Mel
Dendê
7 a 8 bombons

Modo de preparo:

Lave e escorra a canjica e o feijão. Coloque-os em uma panela para cozinhar. Após o cozimento, deixe escorrer e, ainda quente misture os dois. Amasse a mistura até formar uma pasta. Coloque um pouco de dendê e mel, faça um bolo (Opeté) e deixe esfriar.

Se ficar muito mole, vá formando o bolo enquanto esfria, pois dará liga.

Em um prato de louça, barro ou de papel (forrado com papel rosa), coloque o abacaxi fatiado em 7 pedaços e sobre ele a pipoca. Por fim, coloque o bolo (Opeté). Ao redor, acrescente os bombons. Sobre a oferenda adicione um pouco de dendê e mel.

Orixá Ossãe

Material:
500g de batata inglesa
Couve
Alface
300g de linguiça (pode ser salsichão)
Farinha de mandioca
1 xícara de pipoca
Ovo
7 Figos verdes cristalizados

Modo de preparo:
Asse ou frite a linguiça e depois fatie em 21 pedaços.
Após cozinhar um ovo, fatie em 7 pedaços.
Corte a couve bem fina e a refogue com um pouco de dendê.
Torre a farinha com um pouco de dendê.
Em um prato de barro ou gamela coloque a alface e os demais produtos em camadas: farinha torrada e fatias de linguiça. Ao redor da oferenda, disponha a couve e a pipoca estourada. Coloque os figos sobre o axé e, ao final, adicione dendê.

Orixá Xapanã

Material:
100g de feijão preto
100g de amendoim
100g de milho
7 batatas

1 xícara de pipoca

7 figos roxos cristalizados

7 paçocas de amendoim

Neste axé também se pode agregar diversos tipos de feijão, entre eles, carioquinha, fradinho, branco, vermelho e cavalo.

Modo de preparo:

Em uma frigideira ou panela, coloque o milho, já escolhido, lavado e escorrido, mexendo-o até torrá-lo. Em seguida, agregue os grãos mais duros como o feijão e por último o amendoim.

Em outro recipiente coloque as batatas, lavadas e secas, para assar com um pouco de água.

Prepare um pouco de pipoca.

Em um prato de barro ou bandeja (forrada com papel vermelho e preto ou roxo), coloque os grãos torrados e sobre eles as batatas. Coloque a pipoca em volta do prato/bandeja e os figos em cima. Por fim, adicione as paçocas de amendoim. Adicione dendê sobre a oferenda.

Orixá Xangô Ibeji ou Ibedjis

Material:

600g de carne de peito

3 pés de mostarda

1kg de farinha de mandioca

12 bananas

1 maçã

6/12 bombons

Balas

Balas de goma

Pirulitos

Doces em geral

Cebola

Tomate

Sal

Molho de tomate

Dendê

Modo de preparo:

Corte a carne em pedaços e coloque-a em uma panela (preferencialmente de pressão), fritando-a com um pouco de dendê. Refogue com cebola e tomate picado colocando, ao final, o molho de tomate e um pouco de sal, deixando cozinhar até ficar dourado. Coloque água e deixe para cozinhar por aproximadamente 40 minutos.

Lave 12 folhas de mostarda.

Após cozinhar a carne, coloque a mostarda na panela, deixe-a apenas no bafo e depois escorra.

Espere o molho amornar ou acrescente água fria. Misture a farinha até engrossar a água. Coloque para ferver e mexa em sentido horário. Neste momento, eleve o pensamento e peça misericórdia. A comida fica pronta quando o pirão estiver cozido e com a coloração levemente dourada.

Em uma gamela (que poderá ser forrada com papel vermelho e branco ou com várias cores) coloque as 12 folhas de mostarda, o pirão, as bananas (com ou sem casca, conforme a indicação) e a carne. Adicione uma maçã, cortada em 4 partes e as guloseimas: 12 bombons, pirulitos, balas e doces. Ao final, coloque dendê e um pouco de mel sobre o amalá.

Orixá Oxum

Material:

Canjica amarela

4 a 8 quindins

4 a 8 rosas amarelas

Mel

Perfume

Pente

Espelho

Um par de alianças

Modo de preparo:

Em uma panela (preferencialmente de pressão), coloque a canjica, lavada e escorrida, para cozinhar com água e um pouco de mel. Após o cozimento, escorra e deixe amornar. Ao caldo, acrescente um pouco de mel, perfume e uma rosa.

Providencie um prato de louça/vidro ou uma bandeja de papelão (forrada com papel amarelo ou dourado). Coloque a canjica, sobre ela os quindins, o pente, espelho e o par de aliança. Coloque as flores sobre o axé e por cima de tudo adicione mel.

ORIXÁ IEMANJÁ

Material:

Canjica branca

4 a 8 cocadas

4 a 8 rosas brancas ou tingidas com azul

Mel

Perfume

Pente

Espelho

Talco

Modo de preparo:

Em uma panela, de preferência de pressão, coloque a canjica, lavada e escorrida para cozinhar com água e um pouco de mel. Após o cozimento, escorra a água e deixe amornar. Adicione ao caldo um pouco de mel, perfume e uma rosa.

Em um prato de louça/vidro ou em uma bandeja de papel (forrada com papel azul ou prateado), coloque, nesta ordem: a canjica, as cocadas, o perfume, o pente e o espelho. Após, disponha as flores sobre o axé e sobre elas, o mel. Por fim jogue talco sobre a pessoa para lhe clarear o pensamento.

ORIXÁ OXALÁ

Material:
Canjica branca
4 a 8 merengues
4 a 8 cocadas
4 a 8 rosas brancas
Mel

Modo de preparo:
Em uma panela (de preferência, de pressão), coloque a canjica, lavada e escorrida para cozinhar com água e um pouco de mel. Após o cozimento, escorra a água e deixe amornar. Ao caldo, adicione um pouco de mel, perfume e uma rosa.

Em um prato de louça/vidro ou em uma bandeja de papel (forrada com papel branco ou prateado), coloque a canjica, as cocadas, os merengues, as flores e, finalmente, o mel.

CAPÍTULO 13

REZAS

AXÉS DE BARÁ

EXU O LODÊ
R: EXU EXU O BARA LANĄ

MODEBAU EXU – R: BARA
LANA AJO – R: BARA

EXU O LODE
R: EXU EXU O BARA LANA

BIS: AMACHIRE ORIBA EXU
ABANADA

EXU ADEMI CHECHEMÍ
R: ADEMI CHECHEMIRE

EXU TALANA FUÁ
R: EXU TALANA FOMALÉ

EQUEBAU EXU BERIM
R: EXU BERIM EXU BERIM LANÂ

LANÂ EXU BERIM
R: EXU BERIM EXU BERIM LANÂ

EXU LANA SUBURUCUM
R: OIA BADO IOBENFARA

LEBA CAIO CAIO
R: LEBA CAIOCAIO

ALALOPAO ALALOPA
GEMA

BIS: ONIBARA BOUM
ALARUNDE AUEXULANÂ

AMADECO ICO IBARA
OBARABO
BARA ELEPAU EXU LANÂ

AE AE OLEBARA Ô AE AE
OLEBARA
AMAÇELO FOGOMUM
AMAÇELO FOMUNJA
AE AE OLEBARA

BARA ELEPAU EPÔ
R: AE AE OLEBARA

OIA – OIA
R: OIU ELAPA

BIS: BARA EMOJECUM
LODA

BARA INHEQUO BARA
LUNDEO
BARA EMOJECUM LODA

BARA MOREUM
R: JECUM LODA

BARA INHALE

EXU BARA ETAPAONIRE
R: ALUFAM BARA EXU
QUEMQUELUFÂ

EXU BARA EXU
R: QUEMQUELUFÂ

OLEBARA O ELEO EXU
BARA O ELEO
MODIBARA ELEPAU EPÔ

EXU DEMI MODIBARA EXU
ADIO
MODI BAIM

BARA O BEBE TIRIRI LANA
EXU TIRIRI BARA O BEBE
TIRIRI LANA EXU TIRIRI
R: BARA O BEBE TIRIRI
LANA
EXU TIRIRI LANA BARA
QUE BARA O EXU BARA
EXU TIRIRI LANA

EXU LANANA SEMIA SEBÓ
R: EXU LANANA SIEBÓ

EXU LANA FOMIO EXU
LANA FOMALE Ô

BARA AGELU BARA AGELU
EBO
BARA AGELU EBO ANI-
REUO

ÔOOOOLEBARA IA VODU-
MA SANABOR ELEBA

OLEBARA IA VODUMA
ZAQUEU E QUEUE

VODUMA DO CORO CORO
CORO
DO QUERE QUERE QUERE
DO CORO CORO CORO
VODUMA ELEBA

LEBA DOGUM FERERE
R: OGUM

BARA OTIM OTIM OTIM
OTIM BARA

BARA BEM FARA BEM FARA
GAIÔ

BARA MODONUM
MODONUM MODUPEO
R: BARA MIAJO CHERE
CHECHE OMODUPEO

ELEBA IA VODUM

R: IABADO IO BEM FARA

ELEBAO
R: DIANRANDIAN

AXÉS DE OGUM

OGUM ADIO ADIO LOGUM
QUEREO

AMA JOCOLE DIO GUMLO
R: ERUMALÉ AMA JOCOLE
DIO GUMLO ERUMALÉ

SOBO LELÁ IABACHAMI SI-
NHO GUMLO
IABACHAMI SINHA OLÊ

ERENDE CO COREMI AGUA-
LE

OGUM SIRIBO TACO TACO
MARACHO
OGUM SIRIBO TACO TACO
MARACHO
OGUM SIRIBO ORICHA
ORIOCO

BARA LALO PAGEMA
R: ORICHA ORIOCO

O OLU OLU ODO AMAFORI-
BÓ OGUM
ABOUMA LAIÇO AJABAMIÔ

ARA OGUM OLU ODO
R: ARIO ARA OGUM OLU
ODO ARIO

OGUM ONIRE MANJA LO-
BEDÉ
R: OGUM ONIRA LAIÇO
QUEREQUE

SOI SOI SOI
R: OGUM ONIRA LAÍÇO
QUEREQUE

OGUM TALA BAICHORÔ
ABECÉO

OGUM ADEÍBA
R: ADEFA IOGUM FARERE

OGUM AMOAFOÍBA
R: AMORÔ OGUM FERERE

OGUM AMOAFABAMI
R: AMORÔ OGUM FERERE

CHONI CHONI CHONI
PADO
R: GAM GAM GAM GAM
CHONI PADO

IOGUM FEREMÍ
R: BARA OGUM ERUNDE

IAMASIDEUÉ
R: BARA LEUA LEUO ERUN-
DE

OGUM CHOMI REUA REUO
OGUM CHOMI REUA REUO
IAMASIDEUÉ
R: BARA LEUA LEUO ERUN-
DE

ELEMBEUO MAIFARA
OGUM ONIRA ADIO

CHOMI REUA REUO ADIO
ORA
OGUM ONIRA ECHO
R: ADIO ORA OIA ORA OIA
ORA

OGUM ONIRA ECHO
R: ADIO ORA OIA ORA OIA
ORA

ARIOBÊ ARIOBÊ OGUM
MARILÊ
ARIO OGUM LATEUA
OGUM MARILÊ
ARIO OGUM LATEUA
OGUM MARILÊ

CALULU
R: OIA BELA MUJA

OGUM MEGE
R: ARA OGUM MEGE MIERO

OGUM ONIRE ARA BO-
BOUM
R: AJACUNDAUÊ OGUM
ONIRE ARA
BOBOUM AJACUNDAUÊ

ADIO CURE
R: COLUMÂ ONIRE COLU-
MÂ

OGUM CHOMI MARA-
QUEUE
OGUM CHOMI MARA-
QUEUA – IOCURE
R: OIA OGUM MAITA

OGUM OGUM FELI FELI
OMIBOLA OGUM

OGUM TALA VODUM
OGUM TALA MORÉ

OGUM COLOCOMI
R: ORO BEM FARA

OGUNDÊ AÍRÊ IRE IRE
OGUM LÓ
ACARA DEUO AÍRÊ IRE IRE
OGUMLÓ

ABELA MURÉ ABELEMO
R: ABELA MURÉ O QUELEO

OQUELEO
R: ATICHORÔ

OROROMA FARABIÁ
MAFARABIÁ MAFARA BIÁ

OGUM TALAJÓ
R: ARIOLÁ IOGUMLÓ IO-
GUM

ARA IALA IOGUMLÓ
OGUM ONIRA CAÇAJÓ

OGUM ADEMIÔ
R: OGUM ELEFA TALADE-
MIÔ

ADEU ACHA DIOGUMLO
OGUM ONIRA BEM BEM
R: ADEU ACHA DIOGUMLO
OGUM DA ACHE ERUMALÉ

OGUM ADEMIÔ
R: OGUM ELEFA TALADE-
MIÔ

OGUM ELEFA LAI LAI
OGUM ELEFA LAI LAI
R: EDI LAI LAI LAI OGUM
ELEFA LAI LAI

IOGUM LORO IOGUM
LORO
R: OIA MAQUERE QUERE
QUERE IOGUM LORO ORI-
CHA

OGUM MANICHEO ARABE
OGUM MANICHEO ARABE
R: OGUM ABEUÔ OGUM
MANICHEO ARABE

OGUM ABEUO OGUM
MANICHEO OGUM
MANICHEO
OGUM MANICHEOGUM

OGUM OCOMOCO
CABECILA BEO

OGUM OCO MOCO
R: CABECILA BEO

OGUM ELEFA LAI LAI
OGUM ELEFA LAI LAI
R: EDI LAI LAI LAI OGUM
ELEFA LAI LAI

MASSAPAIA MASSAPAIA
MASSAPAIA DORE
OGUM DOIRE MASSAPAIA
MASSAPAIA DORE

OGUM DOÍRE MASSAPAIA
R: MASSAPAIA DORE

OGUM DAE AE AE
R: OGUM DAE ALAIÇO

ANABREQUETE AMOSE-
QUE
R: OGUM DAE ALAIÇO

OGUM ANIRE
R: FARA BEM FARA OGUM
FARA

AXÉS DE OIÁ (IANSÃ)

ADO ADO ACEMA ADO
QUEBILOIA

ASSEUMA SESE OIA
R:OIA

OIABA OIABA OIABA DO-
QUE
R: ASSEUMA SESE
OIABADOQUE

AMAIA MAIA MAIA IA IO IA
IO
IA DEMOSEQUEBA IA IO IA
IO

OIA BILAIO OIA BILOIA
AMAQUERE
QUERE QUERE OIA BAUA
DORICHA

OBERECE MANICHEUO
R: OIA DOCO ABECÉU

O SENIRE O BERECE CARIM
DE OGUM

O BERECE CARIM DE
OGUM ASENIREU ATAUAU

INHANÇA MALEODO
R: ABECEU OROCORÔ

OGUM ONIRA DO ATAU
AUO
R: ARIO ONIRE ABECEU

OIA CALULU OIA SENIRE-
BÓ

ALIANÇA E DI LOIA (3X)
ERU MALÉ IMODIBAU

ALIANÇA E DI LOIA PARA O
ODO QUILODA

OIA MADE ARIO
ACARAOLOJOCOLÓ

ELUPADEO OIA BOBO
ACARA OLO JOCOLO

ALIANÇA E DI LOIA PARA
ODO QUILODA

EBIA ODOUA COMODE
EBIA ODOUA COMADE
INHANÇA OIA EPE EBIA
ODOUA
COMADE

ASAJEU AUE
R: AJEU AUE

ABADO OROCO INHANÇA
ADUPE
OROCO MANECHÓ

BABA LORICHA VAMU
INHANÇA OIA
R: OIA VAMU GANGA OIA

IE IE PAFUNHA
R: EBA

INHANÇA OLODORU
R: EBA

INHANÇA OLODARO
R: EBA

ELEU ELEU LAIÇO

INHANÇA ELEPE
R: OLEPE

ODORO OFIO OMIODARA
O MININABA
DOQUE LOIA

CHORO CHORO COTILE
R: OIA DOCO OIA BECEU

FARA IOGUM FARA IOGUM
FARA DAICEROERO

FARA ALALOIE
R: FARA IOGUM FARA

ELOIDE PARAMÁ ELOIDE
PARAJO
R: ELOIDE PARAMÁ ELOIDE
PARAJO

OIA E E AE

ERUNDE OIA DOCO ERÓ

OIA DOCO
R: ERO ERO

EMI RUNDE
R: ERÓ ERÓ

ADO CUMLEBAIO ADO
CUMLEBAIO
ADO CUMLEBAIO
OIAMADEUO

ASEMILOIA ASEMLÓIA
ALUMBEO ASEMILOIA

ALALUMBEO
R: ASEMILOIA

E ERI IRE UMA POBOUM
ORICHA LAUNDE

OIA LELUIA OIA LELUIA
MALUMBEO OIA LELUIA

AMALUMBEO
R: OIA LELUIA

NAFULELÉO ADEUO
NAFUELELÉO ADEUA
R: BAMBA LOIA NAFULE-
LÉO ADEUO NAFUELELÉO
ADEUO

MOBILAIA MOBILAIA
R: OIA MATE QUERE

XANGO LOIA
R: EU QUEREU QUEREU
ESSE

OIA OIA OIA MIGODO OIA
MIGODO
SAPATA MIGODO

EMILOCO
R: SE SE SEUMA SEMILOIA

AXÉS DE XANGÔ

GULU GULU GULU
KABECILABE

ALARUNDE XANGO
KAMUKA BARUALOFINA
XANGO KAMUKA

ALARUNDE XANGO
KAMUKA

OLUO MAIBO LUBEO MAI-
BO
ELEPEMIO EROMIO
APEUAIA GODO MAIBO
APEUAIA

GODO MAIO

OLUO OGUM NABORIÇO
ELEPA DORICHA
OLUO OGUM NABORIÇO
ELEPA DORICHA

ADJAMBÉCO ILE COLUMA
UÁ COLUMÃ
ADJAMBÉCO ILE COLUMA
UÁ COLUMÃ

AGANJU DU ECO INAUE
GUE GUE ERU GUENGUE
AGANJU DU ECO INAUE
GUE GUE ONILODO

OGODOCHI OINIREMI
ABADO ANISEU ORA
OGODO MAN ANICHAN-
GO ALADE ANISEUORA

ACUNDAUO
R: ANISEU ORA

OIA MALADEO
R: OGUERE

IOBOMERE
R: QUEREQUE IOBOMERE
QUEREQUE

CHORO CHORO NIBOCO

E MACUM ERE
R: ARA MACUM ERE ARA

CALULU CALU LUDE
R: ALAREUM CALULUDE

OGODO SALA SALA SALO
R: BETE BOREUA OGODO
SALA SALA SALA
BETE BOREUA

ONIBEDI OBA
R: ABADO ANIBEDI OIA
BADO

ARANHA ARAÇA PAMO-
DE(2X)
R: OIA MADILE ARANHA-
RAÇA PAMODE

OIAM BADAO CABECILUN-
DEO

OGODO ECO ELEPE
R: OGODO ECO SARANHÂ

CAO CABELECILE MOLOTI-
RE MODIBAU
CAO CABELECILE MOTIRE
MODIBAU

CAO
R: CABECILE

MANA MANA BELOQUEO
R: INHANÇA DILOIA

NAGORO NAGOACHAORO
R: AGO IE IE

LAI MODIBAU
R: LAI LAI MODIBAU AUE AI
MODIBAU
LAI LAI MODIBAU AUE

INA INA GUIACHAORO

(Cassúm)
OGODO NICHEUMA BEU
UO UO
R: ANISEU ABAORO

ERIÇO OGODO ACARA O
ANICEU ANICEU

ADEU UOUO
R: ANICEU ANICEU

(Alujá Xangô)
PARA DECUM DECUM
DECA
R: JACUNDEO

ADIA DIA BABALOFINA DI
XANGO
ADIA DIA BABALOFINA
NANAREUA
R: A AE E AE E A AE E AE E

ONI CALULUDE E DI
CALULUDE
EDI CAO CABELECILAUE
EDI CAO CABELECILAUE

ALIANÇA E PARAMA
ALIANÇA DOGUMLÓ

SOBOUE SOBOUE AMORI-
ÇO SOBODOIRE
MOSEQUEBAUE AMORIÇO

BAÍCO
R: PAPA (junto com palmas)

XANGO BAIM OIA DOCO
AGANJU CABELECILE
XANGO BAIM

BAIAQUE BAIAIO

SOBO ELAUE
R: SOBO LAI LAI E SOBO
ELAUE
SOBO LAI LAI

ONI SOBO UM DE
R: ACALUNGA LAUNDE AE
AE
ACALUNGA LAUNDE

BAÍA NARROBÉ SOBOBAÍA
NARROBÉ
BAÍA NARROBÉ SOBOBAÍA
NARROBÉ

ASSAMIUE ARIÇO ASAMIUE
ARIÇO
SALA SALA DIDE ASAMIUE
ARIÇO

TEREREU MANTEUAIO
R: BELE BELE BESINHE

AXÉS DE ODÉ

ODE OSAMPAU EREPE O MÂ
ODURO EREPE
R: OSAMPAU EREPE O MÂ
ODURO EREPE

BIS: MINERO MINERO
MODE
R: ADOCO MINERO MINE-
RO MODE

IOMATA

R: TIMBORO ODE

O TIMBO TIMBO TIMBO
TIMBORO
R: ODE OMATA TIMBORO
ODE

ODE IOMATA
R: TIMBORO ODE

BIS: ODE DIACUNA BAMIO
ODE DIACUNA
R: ELEMODE CONI ABARI-
LEUO ODE DIACUNA BA-
MIO

ELEMODE CONI ABARI-
LEUO
R: ADIA CUNA BAMIO

OQUE BARILAIO

AFAMODE
R: OQUE BARILAIO AFAMO-
DE

OQUE BARILAIO AFAMODE
R: OQUE BARILAIO AFAMO-
DE

OGUM BELE BELE SODEO
BELE BELISODE

ACARA OGUM O GUM FE-
REMI BELEBELISODE

IEU AUO IEU AODÉ
R: ARA SO SO AODÉ

DIN CALELE DIN CALELE
R: ASEU ASEU CARERE

DINGALA INGA DO ELEPE
DINGALA INGA DO ELEPE
DINGALA
R: E A E DINGALA INGA DO
ELEPE

ESULA ESULO OROCUNDA
EU AO

ONIBOBO E CUN ELESIM
ELESIM OCUTA

BAMU RAO BAMODÉ BAMO
MARACAJA MODE

OCOQUI ODÉ
R: O QUE O COQUÍ ODE
OQUE

BIS: ODE SUMALAIA SESU
MALE
R: DAMRAMDAM ORORO-

CUNDE ODE SUMALAIA
SESU MALÉ

DARANDA ORORO CUNDE
R: ODE SUMALAIA SESU
MALÉ

CONI CONI CHABIM
R: OTIM

EQUIE E AE
R: EAE

EQUI A MORO
R: AMORO

EQUI APETO
R: AMORO

AMACHINCHA DI BEO

QUE LUMBEO
R: QUE LUMBEO

LOQUE LOQUE LOQUE LO-
QUE ABOELO

LOQUE
R: ABOELO

ABREQUETEU ABREQUE-
TEUA

R: ABOBO ABREQUETEU
ABREQUETEU A ABOBO

ODÉ ARAMI
R: ODE ARAUO

AXES DE OBÁ

ALAGORO ALAGORO ILAI
LAO

BIS: ACACHOPA IROCO
EREMI
R: ALABAUE ACACHOPA
IROCO EREMI

ENI ENI ECHO COMFELE
ENI ENI ECHO CONFELE
CO CO CO EROMA ENI ENI
ECHO CONFELE

OI LABAUE
R: ALABAUE

CHERECO CHERECO

IE IE OSÉ MOCOFILANÂ

MODEINHO
R: EINHO

SABADOURO
R: COMINHANHA

SABADOUROOOOO
R: COMINHANHA SABA-
DOURO COMINHANHA

BABA ONI
R: EU LA CHAUENI

OIBABA ONI
R: EU LA CHAUENI BABA
ONIEU LA CHAUENI

OBA ONI XANGO OBÁ OBA-
DAUE GEGE PARA TODOS
R: OBA ONI XANGO
XANGO DI OBÁ OBA ONI

AXÉS DE OSANHA

EU EU OSSANHA (BIS)
OSSANHA COELESI EU EU
OROCOMARILÓ

ENIUA BALERIO
R: OIU ABALEI ERUNCÉ

ASUENI LA BABA OMA SUE-
NI LABABA

OBECHECO CHERECO
R: CHERECO CHERECO
CHE

OITALA DAÍ MORE
R: ARIO LAI ERU MALE
ARIO

ASANA SANIBÓ
R: EU EU ASANA SANIBÓ EU
EU

BIS: OSANHA BAICHORO
ERÔ MAIO

ALA BALUM SUNTALA BA-
LUM SAUE
IO SEM FARAMO

IABABA OMÂ
R: IRE ABABA OMÂ IRE

OSANHALUA JEQUINHA
LUAJEQUIM BABA LODO-
MIO

EU EU ITABOR ITABOR OSA-
NHA BORIÇÔ

IAGALEI IAGALEI IAGALEI
ADANICÉ

IAGALEI ADANICE MA-
RUM PEPE MARUM PEPE

ONIBOCO
R: VAMU QUEREQUE

OIO NICERÓ ERÓ
R: ERÓ NICERO ERO ERÓ

APECO ARUNDE
R: OIA APECO ORA

APECO CHUMARO
R: OIA APECO CHUMA-
ROCO

IACOFAM IACOFAM
R: ICOFAM IACOFAM

OSANHARÁ ADEMISE
BEMICOCOCO

MACUM ARA MACUM
ORO
R: OSANHI OSANHIGUE

OSANHA SEREBOA SAPA-
TAMI SEREBOAOO
R: OIA OIA VODUM OSA-
NHI SEREBOA

OIA OIA VODUM

R: OSANHI SEREBOÁ

ADINA DINEUA O SANHARÁ
CUNEUA
R: ADINA DINEUA O SANHA-
RÁ QUINEUA ADINA DINEUÁ

SOI SOI SOI ITAGIBA
R: ASESU NANAREUA
SOI ITAGIBA

ASESU NANA REUA
R: SOI ITAGIBA

SOELE SOIRE
R: ASESU NANAREUA

SOELE OSANHI GUÉ
R: ASESU NANAREUA

OSANHA DOGUM LAILAI
OSANHADOGUM LAI LAI
R: OSANHA SARUE
ADOCUM LAILAILAI

AXÉS DE XAPANÂ

JARO JARO ONIDA
COCONIJARO

JAU JAU QUELINO JAU (BIS)

R: JAU JAU O QUE JAU JAU
QUELINO JAU

MOBELEPO CHARO
MOBELEPO CHARO

ELEPATALA DALONÃ
R: ASAGERE BAONI ONI
OBA OIA ASAGERE BAONI

OQUE BA INABA INABA
MAISODÉ

AE AE O COLUMAN O
COLUMA INABA IBAORO

ASAGERE AFUA ABAU
ERUMALE

ABAU ERUMALE

A SUIÇA QUELO QUELO

IO QUIE E AE
R: A E E AE

AE ALELUIA LUCASU
MALE

TALA BOAÔ ELEPA TALA
BOMALEO

LEPO LEPO LEPO
R: COLIJANJA E COLIJANJA

NIA NIA NIA
R: COLIJANJA COLIJAN

EMUJA MUJA MUJA COPAN

COPANI JACOPANIJE
R: JACOPAN

EMUCHE MUCHE
R: JACOPAN

XAPANA MOBELEO ORICHA
MOBELEO
R: A AE ERUMALEO

ACARA LOQUE LOQUE

BELUJA BELUJO OLONIA

IBAMU LELA IBABA LECO

VAMU MARACADIA
MARACADIA FIOLAEO

IBAMU LELA IBABA LECO

OLEPO LEPO LEPO
R: CARAMBO CARAMBO

NA COPUADE
R: AMADIBAU AMODICEU

SAPATA SOBOUE ANARIÇO
ONI SOBO

SOBOUE SAPATA MIDA
SUNCE
OBODIBA NAS UREBA
XAPANA AE AE

EMIUALA TALADE EMIUA
ALA TALADE
R: E E AE EMIUALA TALADE

O QUE BARA SERA CUNDE
SASARAUE ONIDEO
QUE BARA SERA CUNDE
SAPATARAUE ONIDEO

MOSEQUEBA MOSEQUEBA
MORIÇO E AE
MOSEQUEBA MOSEQUEBA
MORIÇO E AE
MOSEQUEBA MOSEQUEBA
MORIÇO AE AE
A MOSEQUEBA MOSEQUE-
BA MORIÇO ELEBARA

OI BARA BARA NICHORO
OI BARA BARA NICHORO
SAPATA MUQUELEMA

NICHORO

ARA MOQUELEMAJO
ARA MOQUELEMAJO
MOQUELEMA MOQUELE-
MA
ARA MOQUELEMAJO

BIS: SAPATA MILE GUAJURE
SAPATA MILE GAM GAM
SAPATA MILE GAM GAM
SAPATA MILE GAM GAM
SAPATA MILE GUAJURE

EDIRE DIRE SAPATA ONIRA
EDIRE DIRE SAPATA

XAPANA AE XAPANA MAN-
DO QUERE
XAPANA MANDO QUERE IU
MANDO AE

QUERE QUERE QUERE
QUEU MAITA

ABARICE SAPATA NICEU
QUE
R: ABARICEU QUE SAPATA
NICEU QUE

ALUBA LUBA LUBA LUBA
IADONRRUE

OIA DONRRUE SAPATA
DONRRUE AE

ALUPEPE ABORIBO
R: GAMA LALUPEPE ALU-
PEPE ABORIBO
GAMA ALUPEPE

TOMI TOMINHA
TOMITALUMBE
TOLO BEDEUA

OIABAROCI TALUMBE
TOLOBEDEUA
OIABAROCI TALUMBE
TOLOBEDEUA

ELUACADIA ELEBOCILE
SILEBOACADIA
ELUACADIA ELEBOCILE
SILEBOACADIA
ATANIBOCILE SEO APECO
LARUIA
ATANIBOCILE SEO APECO
LARUIA
ELUACADIA ELEBOCILE
SILEBOACADIA

QUE BOMACELO QUE BE-
LUJA
R: ACADIA QUE BOMACE-
LO QUE BELUJA ACADIA

COCO MIROCO
R: AE AE SAPATA

SOI SOI SOI SAPATA SOI SOI
SOI TAMIRE
R: ALABAUE ALOMILAI LAI
LAI

SAPATA DONRRUE
R: DARROIA DARROIO

BELE COMINHA FARUMBE-
LE
R: AO AO BELE COMINHA
FARUM BELE AO AO

ABLEÇU ABLEÇU LUDAM
ABLEÇULUDA
ABLEÇU LUDAN

SULUBALU SULUBALUAE
R: UAGLEÇU SAPATA
SULUBALUAE

MASSAPAIA MASSAPAIA
MASSAPAIA DORE
SOBODOIRE MASSAPAIA
MASSAPAIA DORE

SOBODOIRE MASSAPAIA
R: MASSAPAIA DORE

AXÉS XANGÔ DE IBEJI

ONIBEDI ITIO
R: ARAU ELISO OXUM
ANIBEDI ITIO

DIU UO UO DIU UO UO
TALA NIBEDI ADIU UO UO
TALA NIBEDI ADIU UO UO
ALARUNDEO

ONIBEDI ITIO
UO UO UO UO LORUNDE
IA LOFIBO
R: ADIA ADIA LOFIBO

IERUM CHALEO
R: ERUM CHALE IOGUM LÓ

BABA RU MALE OLUBA

OXUM TALA NIBEDI TIO
OXUM TALA NIBEDI TIO

ALAUA DE OXUM
R: ANIBEDITIO

TALA NIBEDI ADI UO UO
XANGO DIBEDI ADI UO UO
R: OIA SESU MALE TALA
IBEDI ADI UOUO

UM BADE UMBADE UMBA-
DE AMORÔ
R: DADA SELE UMBADE
AMORÔ

AXÉS DE OXUM

OXUM TALADE OMIOTALA
IE IE MIUADIO
R: OXUM TALADE

ADO MIERO E BABA NIBO-
CUM LANA

ALAUA DE OXUM
R: ANAREUA

IE IEUO ALAUA DE OXUM
ALAUA DE OXUM PANDA

ALADOGUM O
R: ELEUA DI LOBA

IE BAMI OXUM PEOLOMI
IEBAMI
OXUM PEOLOMI IE IE PAN-
DA ELOFA
TANDARELA IE BAMI
OXUM PEOLOMI

IE BAMI QUIE OXUM
PEREREMA

R: O IE IE OXUM PERERE-
MA

EQUIBEDI LOIA
R: ONIREU ORA ORA ORA
ONIREU ORA

OIA TOMI TOMI TOMIRE
R: ONIRE OINIREMI

IOBELE OBEQUI SAUELI
OXUM

IOBELI IOBEQUI
R: SAUELI OXUM

OXUM PEMIO
R: OIA DOCO ERUAMALEO

ELE BOBOLEO E ABOMIO
R: ELEBAMI
OXUM EDU PEU AO

EMADU PELEU AFOMIO
R: EDUM FERERE EDUM
FERERE

PANDA EINHO
R: ELEU ELEU ELEOXUM
ELEU É

ELOMILOXUM
R: ATONIRE ELOMILOXUM
ATONIRE

BOBOQUININI AO IEIE QUI-
NINIU ERÓ

OXUM CARIREÔ
R: CARIREMA CARIREUA

OXUM É PAMDA MARUE-
LEUO

ACHIRELU PANDAMI
R: ACHIRE OIA

EREBETEOXUM
R: OXUM MAIO

IE BAMI OXUM PEOLOMI
IEBAMI
OXUM PEOLOMI IE IE PAN-
DA ELOFA
TANDARELA IE BAMI OXUM
PEOLOMI

IE BAMI QUIE OXUM
PEREREMA
R: O IE IE OXUM PEREREMA

ACHODOMI IE IE LOSIMIO
R: ERUMALE A A DIOXUM
EREUMALE

IE IE CONI CONI CHIRE
LODE
R: BABA IORO ORICHA
OIEUIEU BABAIORO

PANDA LOSINIO
R: EIN EIN BABAXAIN

GUEGUE OXUMA
NICHORORO
R: GUENGUE GUENGUE
OXUMA NICHORORO
GUENGUE

OMOLOXUM DIDECARI
IBEREMA LORUM
R: OMOLOXUM IEIE
IBEREMA LORUM

OXUM O DEMUM
R: OMOLOXUM IEIE IBE-
REMA LORUM

IRE ADEO O IRE ADEO O
MINILABA ADEO O IRE
ADEO

OMINILABA
R: ADEO O IRE ADEO

AORO AORO ORU ORU E
OXUM OBA

BABAXORO
R: AORO AORO

SELESELE ADEU UOUO OIEIE
OLUARA
UMAGUILOXUMA ADIBOUM
ALOLO ELUARA

UMAGUILOXUMA ADIBOUM
R: A LOLO ELUARA

ELUARA ELEUARA ELUARA
ELUCELE ELE IE IE FIODARA
BABAICO FERERE

BABAICO FARAMO
R: BABAICO FERERE

MOBELEMO CONI
R: ARAMOBELEMO QUEUE

BABAIXORO EROMI
ENIUABORA LUBADE
ENIUABORA EROIBADE
R: ADOCO BABAIXORO

EROIBADE
R: ADOCO BABAIXORO

PANDA MIRERE PANDA MIRE
BABAIXORO

BARA BARUE COMFANHA
BARA BARUELEUO

OXUM MAMIO IE IE OXUM
A MAZUNQUENQUE
OXUM A
MAZUNQUENQUEO OXUM
MAMIO IE IE

OXUM MAMIO
R: IE IE OXUM A
MAZUNQUENQUE

ELOILO IRE OGUM O
R: O IE IE O MAIO

ELOILO IRE ACARAÔ
R: O IE IE O MAIO

ELOILO IRE DIOGUNLO
R: O IE IE O MAIO

ELOILO
R: IE IE GUENGUE

AFARAMO
R: IE IE GUENGUE

NAFUELE MODIDE CARI
REUA
R: OIA

NAFUELE MODIDE CARI-
REO
R: OIA O

QUELEUO
R: OIA O

OMIMAMILI
R: ALADE IE IEU
OXUM OXUM MAGUETE

REREPE UMA UMA ORERE-
PE UMA LEO

REREPE UM
R: A UMA

A CHECHECO LUNDUM
R: ELOMILOXUM

IE IE CARIO IE IE CARIO
R: IE IE CARIO CARIO CA-
RIO

PANDA SUAMI
R: ADEUA IARUNDE

IE IE BEM SALEO
OBOMOREO IE I E
BEM SALEO O LANA
R: OXUM DE OLANA IE IE

BEM SALEO OLANA

IE IEU OXUM PANDA
R: ACHIRE OIA

OLOQUIBEROXUM IE-
MANJA
IBEROXUM OBOMOREO
R: IBEROXUM IEMANJA
IBEROXUM IBOMOREO

AXÉS DE IEMANJÁ

IEMANJA SELEO LODO
BABAORO MIO
OMARE REI XALEO
BABAORO MIO

OIA CUM NANA IABABA
RILEO
R: EU AO ABEO ECUM
AMARARISO EU AO ABE-
LEO

ACAORO INGUE INGUE
ERÓ
AGANJU OXALA INGUE
INGUE ERÓ
OIA UELE UELE

OQUEREO

R: AQUEREU ORICHA

IE BAMI COLOMI
R: AMISSA JUREMA EBAMI
COLOMI AMISSA
JUREMA

IEBEROXUM BERAO EBERO-
MI IBERA
R: OIA DOCO IBERA
EBEROXUM IEMANJA

IEMANJA BOCI
R: A ORO

OIABAUDELA BABARILE
OIADOCORI LA BABARILE

OMULO AJEQUIM EMULOJE
OMULO AJUQUIM EMULOJE
IADOCORILA EMULOJE

ADOCUM BERELEO
R: OIABA QUEIJO MACELO
ABARILE

QUE TU NE NE QUETU NENE
IEMANJA SELEO QUE BAMO-
DE

ADOCHI MOBE IARA ORO
ADOCHI MOBE IARA ORO

R: ECUMARA CUMARA
CUMARA ORO
ADOCHIMOBE CUMARA
ORO

TO TO TO TO OIA BE-
MIQUE
OIABE OIBEMI OIBEMIQUE

OROCOMARILE
OROCOMARILO
R: IEMANJA SELEOLODO

NANAREUA NANAREUA AE

AMAQUERE QUEREU ESSE
R: NANAREUA

OIA MADILE OIA MADILE
NANABORUCUM
A CONSULAIE OIA MADILE

NANA BORUCUM
ACONSULAIE
R: OIA MADILE

NANA BORUCUM AJELUA
CAO
NANA BORUCUM AJELUA
CAO
R: AJELAO AJELUACAO
AJELUCAO

OGUM FELE FELE FELE
MIGODO

EREMI REMI EREMI REMI
ACAUE NANABORUCUM
ACAUE

ADEUORAPANIREMA
R: EBO ADEUORA
APANIREMAU EBO

AXÉS DE OXALÁ

COLIMO CO LIMOCUM
R: ABALAREO COLIMO-
CUM ABALAIM

ABALORE JUPE ABALORE-
JUPE
AMACELO NIBOCO AORO
ABALOREJUPE
AMACELO NIBOCO AORO

OIEIE MAFAMIA OIEIE MA-
FAMIA AMACELO
NIBOCO AORO OIE IE MA-
FAMIA AMACELO
NIBOCO AORO

BABACHEQUINUELE UM
ALA

EBOUM OLOFINA ORICHA-
LA

ELUTAPALAJO E TALABO
MIRE UM EBO OLOFINA
R: EBOUM OLOFINA ORI-
CHALA

ORICHA TALAJO NIRE
OTOLO URAUE
OTOLO URAJE OBABA
TALAJONIREUO

LEQUE LEQUE DOMIO
R: BABA ORICHA DOMIO

OLUQUIDEUO AIRAM
BABACHE IRE
OGUM FARA IFÂ

OLUQUIDEO
R: OGUM FARA IFÂ

EBIA BIOXUM EBIA BIO-
XUM O
ENI BABANI ELEPEUO
BARIBOREMI
JACUNDAUO ENIBABA
SELEPEO

BARIBOREMI JACUNDAUO
R: ENIBABAMI SELEPEUO

OXALA LERUM OXALA
LERUM
OMOFIRORIXALA
OMOFIROBABA

EBOXALA ORICHALA
EBOXALA ORICHALA
ORICHA TALABOXALA
ORICHALA

OLELE O BABA O
OLELE O BABA O
OMOFIRORIXALA
OMOFIROBABA

IBELERUM
R: BEREREMA FA

IBEREREMA FA

OIA FIOLAIE IBABALEUA

OQUINIU APEXORILEO
OQUINIU APEXORILE
IBABAOSIMA IBABAOSIMA
OQUINIUAPEXORILEUO

IEUO IEUO IEUO IOROMI-
LAI LEO
R: IEUO IEUO IEUO
IOROMILAIA

COLIMOCO SERA COLIMO-
CO SERA
R: BABARIBO COLIMOCO
SERA

OROCOMARILO
R: A A DIOXUM

OFERERE BO
R: OFERERE BO

OFENITE
R: OFENITE BO

BABACHECO NOLERO
ONIBOCO
NOLERO IBABA
BABACHECO NOLERO
LELERO LERO BABA LECO

BIS: OXALA COMILAJO
ALAO QUENQUE

LOQUE LOMINA
R: BEIM BEIM

EDI AU AU AU BA BAIXORO
R: EDI AI E BABARUMALE É
DIAU

A PECO IBABA
R: ELEUA PECO RUMALE

OLOMINA ALADE FORI
FORIBALE

CADIAMO CADIAMO
CADIAMO ERE

OXALA DE OROMILAI
BABAIXORO OROMILAIA

IEU IEU IEU DE OROMILAIA

OXALA DE OROMILAIA
OROROMILAIA XORO

BELERUM BELERUM BE-
LERUM
ORICHALA MALEODO

IE MAUA IABERUMALEODO
R: ERÓ IEMAUA IABERUMA-
LE O DO ERÓ

ALAMOQUE MOQUECHE
R: ALA O O QUE ALA

BABA LOQUE FUMI FUMIO
R: QUEREQUE QUEBOMAIA
TALA BIOXUM QUEREQUE
QUE BOMAIA

BABARI CHAUENI BOCUM

R: BABARICHAUENI BO-
CUMLÓ

SAUE SAUE SAUE IBABA
SAUE

SANUNBEM FARALOFAIM
SANUNBEM FARALOFAO

AMA BOCUM IBERE
AMABOCUM IBERA
R: ASOXUM AE AMABO-
CUM IBERE

IEUO IEUO
R: IEUO OROMILAIA

ADUA SERIOLAIO
R: IEUO OROMILAIA

AXÉS DOS PRESENTES

A NIMO NIUASSU MEADU
PEORO

(só flores)

MOFELE SEU A MOFELE SE
ALORE
MOFELESEALORE RIREUO
MOFELESE OXUM BOQUE

GLOSSÁRIO

Abô: conjunto de ervas maceradas com água, flores e perfumes, preparadas para os preceitos e obrigações.

Adjá/Alajés: pequeno sino utilizado no culto.

Agô: licença.

Alá: pano branco confeccionado para o Orixá Oxalá, que simboliza proteção e acolhimento.

Alabê: tamboreiro.

Alguida, Alguidar ou Agdá: vasilha circular feita de barro ou argila.

Amaci: é o "despertar" das faculdades nobres do médium, que ainda estão adormecidas.

Amalá: comida preparada para o Orixá Xangô, feita principalmente com quiabos.

Axés: tem o significado de força e energia.

Babalorixá ou Babá: pai, na língua Yorubá. É o Pai de Santo.

Balé: local onde são cultuados os ancestrais.

Borido: ritual celebrado para fazer a ligação entre o iniciado e seus orixás.

Ecó: retirada de toda energia negativa existente nas pessoas e no ambiente.

Eguns: espírito de pessoa que desencarnou.

Ilú: tambor.

Kassun: balança.

Kiumba: são eguns rudes e atrasados na evolução espiritual, considerados negativos.

Odudua: deus da criação, que deu forma aos seres vivos.

Ofá: o que vê tudo.

Ogã: tamboreiro.

Opaxorô: bastão ornamentado com búzios ou outros elementos.

Ori: cabeça.

Orins: rezas ou Axés

Orixás: deuses africanos que correspondem a pontos de força da natureza. Seus arquétipos estão relacionados às manifestações dessas forças.

Orum: céu no mundo espiritual.

Otáou, Okutá: é a pedra usada no cerimonial de assentamento, pertencente ao Orixá (cada Orixá tem a sua própria pedra).

Owolu: pessoa responsável por interpretar, através de sinais (oráculos são as pessoas), os desejos e as vontades dos deuses.

Pará: denominação dada pelos negros ao Batuque.

Pegi: quarto de santo, local onde são cultuados os Orixás. Também conhecido como Congá e Ilê Orixá (Casa do Orixá), é o altar sagrado dos rituais.

Quartinha: recipiente de barro usado para acondicionar líquidos.

Urixim ou ueresin: vassoura confeccionada com crina de cavalos.

Xarará: cabaça confeccionada com búzios.

Xirê: ordem dos toques executados pelo tambor.

Yalorixá ou Iyá: mãe, na língua Yorubá, é a Mãe de Santo.

ORIXÁS

Ilustrações de:
Ana Palidrômica

Bará

OGUM

Iansã

Xangô

ODÉ E OTIM

Obá

Ossãe

Xapanã

Ibejis

OXUM

Iemanjá

Oxalá